서울대 경쟁법센터 경제법총서 03

공정거래법상 기업집단법제 I

심재한·이봉의·신영수·유영국
최휘진·김지홍·윤동영

박영사

머 리 말

공정거래법에 대기업집단 규제틀이 마련된 것은 1986년 제1차 개정으로 어언 40년에 가까워지고 있다. 1986년 개정법에 따른 대기업집단 규제틀은 '1986년 체제'라고 부를 수 있을 만큼 우리나라의 기업경영과 국민경제에 막대한 영향을 미쳐왔다. 소수 재벌에 의한 경제력집중을 억제하기 위해 도입된 사전규제의 기본틀은 자산총액을 기준으로 동일인이 지배하는 대기업집단의 지정과 지정된 대기업집단에 대한 각종 출자규제(지주회사에 대한 행위제한을 포함)와 계열회사에 대한 채무보증금지, 금융·보험회사의 의결권 제한과 공시의무 등으로서 현재까지 그대로 유지되고 있다. 이와 같은 대기업집단정책은 경쟁정책과 더불어 우리나라에 시장경제의 원리 및 성과에 기반한 경쟁을 확산시키고, 나아가 대기업집단의 지배구조를 투명화 하는 데에 적지 않은 성과를 거두었음을 부인하기 어렵다.

다만, 디지털경제의 확산과 국경 없는 글로벌화 속에서 대기업집단 역시 흥망성쇠를 거치며 많은 변화를 겪었다. 지금은 1960년대 이후 정부주도의 경제성장 모델에 힘입어 국가자원을 소수의 재벌에 몰아주던 시기가 아니다. 경제 전반의 투명성과 주주 등 이익집단의 견제수준이 높아지면서 위장계열사를 둔다는 것은 상상하기도 힘들다. 지난 6월 26일 공정위가 발표한 바에 따르면 2023년 말 현재 지정된 대기업집단 88개 가운데 43개가 지주회사체제로 전환되어 있고, 전체 지주회사의 평균 부채비율은 43.2%로 공정거래법상 200% 상한을 여유 있게 하회하고 있다. 문어발식 확장이나 과다한 부채를 통한 계열사 확대, 그리고 무엇보다 순환출자를 통한 지배구조의 왜곡과 같은 문제는 상당부분 해소되었고, 향후에도 크게 우려할 만한 사항이 아닐 수 있다.

보다 근본적으로는 자산총액 5조원 이상의 기업집단을 지정하여 규제하는 것이 현재 우리나라 기업의 시가총액 등을 감안할 때 현실성이 있는지, 경제력집중의 억제를 명분으로 기업집단의 자산규모에 사실상 캡(cap)을 씌우는 규제가 글로벌 경쟁상황에 부합하는지를 고민하지 않으면 안 된다. 21세기, 4차 산업혁명이 진행되는 와중에 기업집단의 규모를 기준으로 한 규제가 어떤 이유로 정당성을 확보할 수 있을지, 경제력집중 억제가 필요하더라도 40여 년 전에 마련된 규제수단이 지금이나 향후에도 여전히 타당할지는 의문이기 때문이다.

이와 같은 문제의식하에서 서울대학교 경쟁법센터는 2022년부터 대기업집단 규제틀을 근본적으로 재검토하고 대안을 마련하기 위한 '기업집단법제 개편 T/F'를 조직하여 연구를 진행하였고, 구체적으로 동일인 지정부터 기업집단의 범위획정, 공시대상 및 상호출자제한기업집단의 지정, 공시의무에 관한 법·정책세미나를 개최한 바 있다. 1986년 체제의 변화를 원하는 학계와 기업계의 관심을 고양시키는 차원에서 그간의 연구성과를 「경제법총서」 제3권으로 묶어 출간하게 되었다. 올해는 지주회사 관련 규제와 출자규제를 중심으로 연구와 토론을 진행하고 있으며, 가을에는 그 결과물을 가지고 법·정책세미나를 개최할 예정이다.

이 책을 출간하기 위하여 법·정책세미나에서 발제와 토론을 맡아주시고, 이후에도 원고를 다듬어주신 심재한 교수(영남대 법전원), 신영수 교수(경북대 법전원), 유영국 교수(한신대 평화교양대학), 최휘진 변호사(법무법인 태평양), 김지홍 변호사와 윤동영 변호사(법무법인 지평)에게 진심으로 감사의 마음을 전한다. 끝으로 급변하는 출판시장에서 쉽지 않은 여건에도 경제법총서의 출간을 흔쾌히 맡아주신 박영사의 안상준 대표와 임재무 전무, 윤혜경 대리께도 응원과 감사를 보낸다.

2024년 6월

서울대학교 경쟁법센터장   이 봉 의

차 례

제1편 동일인 및 기업집단의 범위 획정

제2편　대기업집단의 지정 및 공시의무

제1편

동일인 및 기업집단의 범위 획정

제1장

공정거래법상 기업집단 동일인의 지정

심재한

공정거래법상 기업집단 동일인의 지정

심 재 한*

I. 경제력집중과 기업집단 규제

자본주의를 근간으로 하는 경제체제에서는 정도의 차이가 있기는 하지만 경제력집중 현상이 나타난다. 경제력집중이란 경제력을 나타내는 이윤이나 소득 또는 자산 등이 특정한 경제주체에게 집중되는 현상을 말한다. 경제력집중은 규모의 경제를 실현하고, 제품의 다각화를 통하여 위험을 분산시키고, 경영능력이나 기술을 보충하는 등 긍정적 효과를 가져오기도 한다. 그러나 시장지배력의 강화로 인해 나타나는 자유롭고 공정한 경쟁의 저해현상 및 자원과 소득분배의 왜곡현상 등의 부정적 효과가 부각된다.

우리나라의 경제력 집중현상은 단순한 시장경쟁의 산물이 아니라 정부의 고도성장 정책의 결과인 측면이 특징을 이룬다. 경제력이 집중된 주체를 우리나라에서는 흔히 재벌이라 칭했으며, 이 용어는 일본어(財閥, Zaibatsu)에서 유래한 것으로 보인다.

재벌의 형성기라 할 수 있는 1960년대는 군사쿠테타에 의해 집권한 정부가 정통성 위기에 대한 대안으로 경제개발을 제시하면서 경제 전체에 파급효과가 큰 업종을 선정하여 집중적인 지원을 하고, 이러한 전략산업의 성장에 따르는 전후방 파급효과를 경제 전체에의 성장으로 매개하는 형태로 나타났다.[1] 특히 1970년대 중반 이후부터 정부는 중화학 공업 육성 정책을 추진하였는데, 중화학 공업의 특성상 초기의 거대 자본투자가 필요했고 이로 인해 당시의 재벌을 중심으로 하는 산업구조가 고착화되기 시작하였다.

---

* 영남대학교 법학전문대학원 교수.
1) 서동원, 재벌의 과거, 현재, 미래, 상사법연구 제15권 제1호, 1996, 96면.

1970년대까지 재벌들은 국가로부터 원조특혜와 차관특혜를 받으며 성장했기 때문에 국가를 이끄는 정부의 아래에 위치해 있었다. 그런데 1980년대에는 경제 자유화 조치로 대표되는 경제정책 및 기조상의 변화로 인해 재계의 힘이 강해지게 되었다. 1980년대 재벌기업들이 급속히 성장하게 되면서 1960년 당시 우리나라 최대 재벌이었던 삼성의 매출액은 GDP의 1%에 불과했지만 1985년에는 이 수치가 17%에 달하게 되었다. 이러한 변화로 인해 1970년대까지는 국가적인 차원에서 재벌을 보호, 육성하였지만 1980년대에 이르러 재벌 규제가 나타나게 되었다.

재벌 규제의 배경은 1960년대부터 산업화의 진전을 이루었지만 이로 인해 재벌의 총수 개인과 그 가족이나 친족 등 특수관계인에 의한 소유집중이 높게 나타나고, 이러한 소유집중은 기업집단의 소유가 총수 개인이나 그 가족 및 친족에게 집중되어 있기 때문에 기업활동의 성과가 거기에 참여한 모든 사람들에게 골고루 분배되지 않고 총수와 그 가족에게 편중됨으로써 소득분배의 불균형이 심화되고 있다는 문제점이 지적된 것에 있다. 아래의 표와 같이 1997년과 1998년도에 공정거래위원회가 지정한 30대 기업집단을 보면 정주영, 이건희, 김우중, 구본무와 같은 창업자 내지 2세대 총수를 중심으로 기업집단이 형성된 상황을 볼 수 있다.

1997년 및 1998년 30대 기업집단 및 동일인 지정 현황[2]

(1997.04.01. ~ 1998.04.14.)

순 위 (1996년도)		기업집단	동일인	계열회사수	자산총액 (10억원)
1	(1)	現　代	鄭周永	57	53,597
2	(2)	三　星	李建熙	80	51,651
3	(3)	L　G	具本茂	49	38,376
4	(4)	大　宇	金宇中	30	35,455
5	(5)	鮮　京	崔鍾賢	46	22,927
6	(6)	雙　龍	金錫元	25	16,457

2) 이동원, 동일인 지정 제도와 기업집단 지정절차의 현황과 과제, 국회 기업집단 규제정책 개선 정책토론회 - 동일인 지정 제도 개선을 중심으로 -, 2023. 10. 05., 토론문 12면.

7	(7)	韓 進	趙重勳	24	14,309
8	(8)	起 亞	起亞自動車	28	14,287
9	(9)	한 화	金昇淵	31	10,967
10	(10)	롯 데	辛格浩	30	7,774
11	(11)	錦 湖	朴晟容	26	7,486
12	(16)	漢 拏	鄭仁永	18	6,640
13	(15)	東 亞	崔元碩	19	6,458
14	(12)	斗 山	朴容昆	25	6,370
15	(13)	大 林	李峻鎔	21	6,177
16	(22)	한 솔	李仁熙	23	4,346
17	(17)	曉 星	趙錫來	18	4,131
18	(18)	東國製鋼	張相泰	17	3,956
19	(19)	眞 露	張震浩	24	3,951
20	(20)	코 오 롱	李東燦	24	3,910
21	(24)	高 合	張致赫	13	3,690
22	(23)	東 部	金俊起	34	3,677
23	(21)	東 洋	玄在賢	24	3,445
24	(25)	해 태	朴健培	15	3,398
25	(29)	뉴 코 아	金義徹	18	2,798
26	(一)	亞 南	金向洙	21	2,659
27	(27)	韓 一	金重源	7	2,599
28	(一)	거 평	羅承烈	22	2,477
29	(一)	미 원	林昌郁	25	2,238
30	(一)	신 호	李淳國	25	2,158
계				819	348,364

이러한 상황하에서 우리나라 재벌규제 및 재벌개혁의 목표가 국민경제적 차원에서 일반집중을 완화하는 것과 각 기업집단의 입장에서 합리적인 지배구조를 회복하는 것으로 판단되었다. 즉 우리나라의 재벌문제를 해결하기 위해서는 각 재벌그룹의 경영을 재벌 총수 개인이나 그 가족 또는 혈족의 지배로부터 해방시켜야 하며, 재벌 총수 개인이나 그 가족 또는 혈족이 경영에 관여하지 못하도록 할 필요가 있다고 보았다.

Ⅱ. 기업집단 구조의 변화

　재벌 총수 개인이나 그 가족 또는 혈족에 의한 기업집단의 지배는 근래 많은 변화를 겪고 있다. 우선 기업집단에 대한 가족의 경영권이 여러 세대를 거쳐 승계되면서 개별 가족 구성원들이 보유한 지분율이 희석되고 주요 가족 구성원들 사이의 지분율에 큰 차이가 없게 되는 현상이 늘어나고 있다.

　이러한 상황에서 기존 동일인의 사망이나 은퇴 등을 계기로 자녀 간에 경영권 분쟁이 발생하기도 하였다. 만약 경영권 분쟁 중인 기업집단에 관하여 지분율 기준을 기계적으로 적용한다면 기업집단의 지배관계에 관한 사회경제적 실질을 제대로 반영하지 못할 우려가 있다.

　다른 한편으로는 소위 빅테크 기업집단의 경우 기존 재벌의 지배구조와 다른 형태의 지배구조를 가지고 있어 기존 규정의 개정 필요성이 논의되고 있다. 근래 COVID‒19 등의 영향이 겹쳐 온라인 플랫폼을 포함한 빅테크 시장이 급성장하였고, 해당 업종을 주력으로 하는 기업집단들의 성장세가 뚜렷해졌다. 2024년 5월 14일자로 공시된 기업집단 중에서 카카오·네이버·쿠팡·넥슨·넷마블·두나무·크래프톤 등이 빅테크 기업집단이라 할 수 있으며, 이 기업집단들은 (고객예탁금도 자산으로 간주되어 가상자산 시장의 변동에 따라 자산총액이 달라지는 두나무를 제외하면) 최초 지정 이후 꾸준한 성장세를 유지하고 있다.

빅테크 주력집단들의 최초 지정년도 대비 자산총액 및 순위 현황

집단	자산총액		자산총액 기준 순위	
	최초 지정년도	'24년	최초 지정년도	'24년
카카오	('16년) 5.1조 원	→ 35.1조 원	('16년) 65위	→ 15위
네이버	('17년) 6.6조 원	→ 22.8조 원	('17년) 51위	→ 23위
쿠팡	('21년) 5.7조 원	→ 17.6조 원	('21년) 60위	→ 27위
넥슨	('17년) 5.5조 원	→ 11.9조 원	('17년) 56위	→ 43위
넷마블	('18년) 5.7조 원	→ 11.3조 원	('18년) 57위	→ 46위
두나무	('22년) 10.8조 원	→ 9.4조 원	('22년) 44위	→ 53위
크래프톤	('22년) 6.2조 원	→ 6.9조 원	('22년) 59위	→ 68위

이들 기업집단의 경우 현재까지는 자연인으로서의 동일인 외에 그 가족과 지분의 소유가 미미하며, 대체로 지배구조가 투명하게 구성되어 있는 것으로 파악된다. 또한 기존의 재벌들은 소위 선단식 경영을 통해 업종상 별로 연관이 없는 회사끼리 상호지급보증 등으로 연결해 사업을 해나감으로써 계열기업은 물론 기업집단의 재무구조를 부실하게 하고 금융기관의 부실화를 초래하여 국민경제에 큰 부담을 주는 경우도 있었지만, 빅테크 기업집단의 경우 계열기업의 독립경영을 보장하고 사업영역을 무리하게 확장하는 대신 자신의 주력사업에 집중하여 기존 재벌 기업집단에서 나타난 폐해가 발생할 가능성은 줄어든 것으로 평가된다.

Ⅲ. 기업집단 동일인의 지정 절차

기업집단이라 함은 동일인이 회사인 경우에는 그 동일인과 그 동일인이 지배하는 하나 이상의 회사의 집단이고, 동일인이 회사가 아닌 경우 그 동일인이 지배하는 2이상의 회사의 집단을 말한다(공정거래법 제2조 제11호). 공정거래법상 기업집단은 사실상의 지배관계로 연결된 복수의 기업으로 구성된 일정 규모 이상의 기업집단을 의미한다. 경제력집중 억제조항의 중심에는 기업집단이 있으며, 기업집단의 지정에는 동일인 개념이 전제가 되므로 양자는 불가분의 관계를 구성하고 있다.

따라서 기업집단의 범위가 정해지려면 그에 앞서 논리적으로 동일인의 확정이 이루어져야 한다. 기업집단의 동일인이 누구로 확정되는지에 따라 기업집단의 범위 및 공정거래법상 규제대상인 대규모기업집단에 해당하는지 여부가 결정되기 때문이다. 그런데 법률상으로는 동일인의 확정 후 그가 사업내용을 지배하는 회사의 집단을 경제력집중 규제법의 적용 대상으로 지정하는 것으로 보이지만, 실무적으로는 먼저 자산 총액이 5조 원에 근접한 기업집단들을 대상으로 자료제출 요청을 한 후 해당 기업집단들의 '최상위 회사' 또는 '그룹 소유구조 최상단'에 위치한 회사를 정의하고 나서 '최상위 회사'의 최대주주와 대표이사가 누구인지를 확인하고 이들을 동일인으로 지정하는 것으로 알려져 있다.[3] 그러나 이와 같

---

3) 김우진/이은정/최난설헌, 동일인 지정 제도에 대한 비판적 검토: Centrality 적용 실증분석 및

은 지정 방식은 매우 자의적이고 명확한 기준이 없는 한계를 지니고 있다는 비판
에 직면해 있다.[4]

  한편 규제대상 기업집단에 속해있지 않았던 기업집단이 자산의 증가로 인해
기업집단 지정 대상이 되는지 여부를 검토하기 위해서는 특정 회사의 최대주주
등에게 관련 자료 제출을 요청해야 한다. 이미 지정된 기업집단의 동일인에 대한
자료제출 요청은 공정거래법 제31조 제4항의 규정에 따라 실시하고 있지만, 아
직 규제대상 기업집단으로 지정되어 있지 않은 법인 내지 자연인에 대해서는 공
정거래위원회가 언제부터 자료 제출 요청을 할 수 있는지에 대한 법적 근거가 없
으므로 이에 대한 규범화도 필요하다. 기존에 규제대상이 되지 않았던 법인 내지
자연인은 공정거래위원회로부터 자료 제출 요청을 받은 경우 관련 법률의 숙지
가 되어 있지 않고, 경험도 부족하여 스스로 알지 못한 사이에 불충분한 자료를
제출하여 이에 따른 불이익을 입을 수 있다. 그렇다면 법률 내지 시행령 등에 어
떠한 기업(내지 기업집단)이 언제부터 기업집단 지정을 위한 자료 제출을 요청받
게 될지에 대한 근거를 마련하여 근거 법령의 흠결을 메꾸고, 법률 수범자의 예
측가능성을 높일 필요성이 있다.

  동일인이 기업집단 지정에 필요한 자료를 제출하지 않거나 불충분한 자료를
제출한 경우 공정거래법상 2년 이하의 징역 또는 1억 5천만원 이하의 벌금이 부
과될 수 있다(법 제125조 제2호). 또한 1억원 이하의 과태료 부과대상이 되기도
한다(법 제130조 제1항 제5호). 그런데 기업집단 지정에 필요한 자료는 동일인 본
인의 자료뿐만 아니라 동일인관련자의 자료도 제출해야 한다. 동일인관련자는 배
우자는 물론이고 혈족 4촌 및 인척 3촌이 포함된다. 그런데 이들 혈족 및 인척의
자료는 매우 민감한 개인정보이기 때문에 동일인이 당연히 그 자료에 접근할 기
회를 가지게 되는 것은 아니다. 그럼에도 불구하고 이들의 자료를 동일인이 수합
하여 제출하도록 명령하고, 만약에 친인척의 자료를 제출하지 않거나 불충분한
자료를 제출하였다고 해서 제재를 가한다면 자기책임의 원칙에 반하는 매우 불
합리한 처분이라 할 것이다. 특히 우리나라 기업들뿐만 아니라 국민들이 점점 더
글로벌화 되어가는 경향이 있는데, 이때 동일인관련자의 인척이 순수 외국인이면

  제도 개선 방향, 법경제학연구 제17권 제3호, 2020, 563면.
 4) 강상엽, 동일인 지정제도: 정량적 기준과 정성적 기준의 비판적 검토, 경제법연구 제20권 제2
    호, 2021, 206면.

서 우리나라에서 전혀 활동하지 않는 경우에도 그의 자료를 동일인에게 제출하도록 의무를 부담시키는 것은 일반적인 상식에도 부합하지 않는다. 이렇듯 동일인관련자의 자료수집 측면에서도 현행 법제도의 문제점이 보완되어야 할 필요성이 있다

Ⅳ. 동일인으로 지정되는 회사 혹은 자연인

동일인은 공정거래법 제2조 제11호에 따르면 회사 혹은 자연인이 지정될 수 있다. 기본적으로는 소위 총수로 지칭되는 자연인이 지정되고 있다. 대법원 2015. 3. 26. 선고 2012두27268 판결에서 나타난 바와 같이 금호산업에 대한 박삼구 및 박삼구 관련자의 지분은 3.08%, 채권금융기관의 지분은 88.89%이고, 금호타이어에 대한 박삼구 및 박삼구 관련자의 지분은 9.74%, 채권금융기관의 지분은 68.97%가 되었음에도 불구하고 자연인인 박삼구를 동일인으로 지정한 사례도 있었다. 법원은 "박삼구가 채권금융기관의 협조 또는 동의하에 양사의 대표이사를 임면하거나 임면할 수 있는 경우에 해당하는 점, 박삼구는 금호산업의 명예회장, 금호타이어의 대표이사로서 사실상 위 각 회사의 주요 의사결정·업무집행에 관하여 지배적인 영향력을 행사하고 있다고 보이는 점, 채권금융기관협의회의 주요 의사결정에 대한 승인 또는 자금관리는 경영정상화를 위한 감시의 측면에서 이루어지는 것으로서 박삼구의 지배적 영향력 인정에 장애가 되지 아니하는 점" 등의 사정을 들어 박삼구가 사실상 금호산업·금호타이어의 사업내용을 지배하고, 따라서 금호산업이 사실상 사업내용을 지배하는 아시아나항공 및 그 자회사 등에 대하여도 박삼구의 사실상 지배가 인정된다고 판단하였다.

네이버는 국민연금공단과 같은 최다출자자가 있음에도 불구하고 그보다 낮은 지분율을 가지고 있는 자연인인 창업자를 동일인으로 지정하였다.[5] 네이버 사례에서는 자연인인 창업자가 네이버 기업집단에 대하여 금호아시아나 사례와 같은 수준의 지배력을 가지고 있다는 증명이 이루어지지는 않았다.

한편 총수 없는 집단이라고 하여 회사가 동일인으로 지정되는 경우도 있다. 2023년 5월 1일자로 공시된 기업집단 중 회사가 동일인으로 지정된 집단은 10개

---

5) 서정, 기업집단의 동일인 확정에 관한 검토, 경쟁법연구 제43권, 2021, 253면.

(포스코, 농협, 케이티, 에이치엠엠, 에쓰-오일, 케이티앤지, 대우조선해양, 쿠팡, 한국항공우주산업, 한국지엠)이다.

에쓰-오일 기업집단의 경우 지배회사는 Aramco Overseas Company B.V., 계열회사는 S-international Ltd., 에쓰오일토탈윤활유(주), S-oil Singapore pte.ltd. 이다. 법규정에 따랐다면 에쓰-오일 기업집단을 지배하는 외국의 모기업인 Aramco 또는 Aramco를 사실상 지배하는 사우디 아라비아 왕세자가 동일인으로 지정되었어야 하지만 실제로는 국내법인인 에쓰-오일(주)가 지정되었다. 한국지엠의 경우도 마찬가지로 당해 기업집단의 지배회사인 한국지엠(주)가 동일인으로 지정되었으며, 2021년 5월 1일자로 공시된 기업집단에 새롭게 진입한 쿠팡의 경우도 쿠팡(주)가 지정되었다. 이로 인해 동일인을 주력회사로 할 것인지 아니면 특정 자연인으로 할 것인지에 관한 기준이 모호하다는 지적이 있었다.

외국계 기업집단의 경우 국내의 지배회사를 동일인으로 지정하는 것은 전통적인 의미에서의 국제예양(國際禮讓)뿐만 아니라 규제의 실효성 및 집행가능성 등 현실적인 문제를 고려한 결과로 판단된다. 공정거래위원회가 2021년 5월 1일자로 기업집단을 지정하면서 배포한 자료를 보면 공정거래위원회가 쿠팡(주)를 동일인으로 판단한 근거로 "창업자 김범석(미국인)이 미국법인 Coupang, Inc.를 통해 국내 쿠팡 계열회사를 지배하고 있음이 명백하나, ① 기존 외국계 기업집단의 사례에서 국내 최상단회사를 동일인으로 판단해 온 점, ② 현행 경제력집중 억제시책이 국내를 전제로 설계되어 있어 외국인 동일인을 규제하기에 미비한 부분(동일인관련자의 범위, 형사제재 문제 등)이 있는 점, ③ 김범석을 동일인으로 판단하든 쿠팡(주)를 동일인으로 판단하든 현재로서는 계열회사 범위에 변화가 없는 점 등을 고려"하였음을 제시하였다.

한편 이 문제에 대하여 소위 '검은머리 외국인론'을 제기하는 견해[6]가 있다. 이 견해는 "한국 내에서 기업집단을 형성하고 매출액의 대부분이 한국 내에서 발생하고 있는 글로벌 기업집단에서, 한국계 외국인 총수가 내국인과 같은 외모와 언어를 사용하고 친족들과 함께 국내에 거주하면서 실질적인 영향력을 행사하는 것으로 보이는 상황"에서는 자연인을 동일인으로 지정하는 것이 타당하다

---

6) 신영수, 공정거래법상 동일인 제도의 쟁점과 해석, 법학논고 제84집, 경북대학교 법학연구원, 2024, 538면.

는 견해이다. 이 견해는 "전 세계 매출에서 한국의 비중이 미미한 글로벌 기업집단의 경우 실제 한국법인에 영향권을 행사하지 않는 자연인 지배주주 내지 경영자를 동일인으로 지정하는 것은 부적절하다고 본다. 규제 실효성 때문이 아니라 동일인의 본질에 맞지 않기 때문"이라고 판단하고 있다.

그런데 '검은머리 외국인론'은 공정거래법상 동일인의 판단기준인 '지배여부'와는 관련성이 없는 한국내 거주기간을 요건으로 하는 등 법에 근거하지 않는 자의적인 법집행기준이 될 수 있는 우려가 제기된다. 국내 기업집단의 동일인으로 지정된 자가 해외에 장기간 머무른다고 하여 지배력을 부정할 수 없다는 점에서 그러하다. 나아가 이 견해에 따르는 경우 당해 외국계 기업집단이 나중에 타국에서의 매출액 급증으로 인해 기업집단 전체에서 차지하는 한국내 매출 비중이 미미할 정도로 축소된다면 역으로 기존의 자연인에서 국내 지배회사로 동일인을 변경하여야 하는지에 대해서도 고려해야 한다. 또한 "한국계 외국인 총수가 내국인과 같은 외모와 언어를 사용하고 친족들과 함께 국내에 거주"하기 때문에 이를 동일인으로 지정해야 한다면, '한국계'임을 이유로 법집행이 이루어진다는 의도로 비칠 여지가 있다. 그러나 이러한 법집행 의도가 비쳐지는 경우 인종이나 민족에 따른 차별문제가 제기될 가능성이 매우 커지게 되며, 또한 한국계의 정의나 범위가 어디까지로 정해져야 하는가 등에 대한 난점이 제기된다. 반대로 만약 외국에서 출생했지만 한국어를 자유자재로 구사하는 외국인이 자신들의 친척을 대거 국내에 동반하고 있는 경우에 동일인으로 지정해야 하는지에 대한 의문과 함께, 동일인으로 지정되었던 소위 '검은머리 외국인'이 동일인 지정을 회피할 목적으로 국내 거주일을 최소화 한다거나 친척을 외국으로 이주시킨 경우 동일인에서 배제될 수 있는지에 대해서도 생각해 볼 문제이다.

외국인을 동일인으로 지정하는 경우 자료제출의무부과 등 현실적인 법집행상의 어려움이 있고, 기업집단 제도가 국내 경제력집중 억제를 목적으로 제정된 입법 취지에도 반하게 되는 문제가 발생한다. 아울러 공정거래위원회의 기업집단 관련 업무 매뉴얼과 그 동안의 선례들로 인해 확립된 행정관행을 다른 행정관행이 확립되었다거나 법률 개정이 있었다는 등의 아무런 사정변경이 없음에도 불구하고 외국인 개인을 동일인으로 지정하는 것은 행정의 자기구속 원칙에 반하는 것은 아닌지에 대한 비판도 제기된다.

V. 동일인 지정 시행령 개정

대기업집단 지정시 동일인을 합리적으로 판단하기 위한 기준을 마련하는 내용의 공정거래법 시행령 개정안이 2024년 5월 7일 국무회의를 통과하였다.[7]

개정 시행령의 주요 내용은 "기업집단 범위에 차이가 없고, 친족 등 특수관계인의 경영참여·출자·자금거래 관계 등이 단절되어 있는 등 엄격한 요건을 충족하는 경우에는 이해관계자 요청에 따라 기업집단을 지배하는 자연인이 있는 경우에도 국내 회사나 비영리법인 또는 단체를 동일인으로 하여 대기업집단을 지정"할 수 있도록 하는 것이다. 즉, 동일인을 자연인으로 보든 법인으로 보든 국내 계열회사의 범위가 동일한 기업집단의 경우로서(시행령 제38조 제4항 제1호), 기업집단을 지배하는 자연인이 최상단회사를 제외한 국내 계열회사에 출자하지 않고(같은 항 제2호 가목), 해당 자연인의 친족이 계열회사에 출자하지 않으며(같은 항 제2호 나목), 해당 자연인의 친족이 임원으로 재직하는 등 경영에 참여하지 않고(같은 항 제2호 다목), 해당 자연인 및 친족과 국내 계열회사 간 채무보증이나 자금대차가 없어(같은 항 제2호 라목) 사익편취 등의 우려가 없다고 인정되어야 한다.

개정된 규정에 대해 "재계에서는 동일인 지정 '예외 요건'의 문턱이 높아 친족 경영이 보편화된 우리나라 기업 문화에서는 대기업집단 대다수가 동일인 지정을 피할 방법이 없다는 지적이 나오고 있다. 기업들에서 제도의 적용 기준 등을 국내 기업 문화 현실에 맞게 재검토해야 한다는 불만이 거세지고 있다"[8]는 비판이 있었다. 이에 대해 공정거래위원회는 "동일인 판단기준에 대한 이번 시행령 개정은 국적 차별 없이 일반적으로 적용될 수 있는 기준을 명문화하여 대기업집단 지정 제도의 명확성과 합리성을 제고하기 위하여 추진된 것"이므로 "특정 기업집단에 대한 특혜 등을 언급한 해당 기사내용은 사실과 다르"다고 해명[9]하였다.

---

7) 공정거래위원회, 공정거래법 시행령 개정안 국무회의 통과 - 대기업집단 동일인 지정의 합리적 판단기준을 마련 -, 보도참고자료, 2024. 05. 07. 국무회의를 통과한 공정거래법 시행령 개정안은 대통령 재가를 거쳐 공포된 뒤 즉시 시행되었다.

8) 문화일보, 쿠팡, 동일인 지정 예외요건 충족⋯ 대부분의 대기업은 해당안돼, 2024. 05. 07. https://www.munhwa.com/news/view.html?no=2024050701070205292001

9) https://www.ftc.go.kr/www/selectReportUserView.do?key=11&rpttype=2

2024년 5월 14일자로 공시된 기업집단 중에서는 쿠팡과 두나무가 법인인 동일인으로 지정되었다.[10]

만약 개정된 규정에 의해 많은 국내의 기업집단의 동일인이 법인으로 지정되는 효과가 나타난다면 재계의 비판은 수그러들 것으로 보인다. 하지만 전통적인 기업집단의 경우 이러한 요건을 충족시키기 어려울 가능성이 높고, 이에 따라 법인인 동일인보다 과도한 부담을 지게 된다면 개정 규정에 대한 비판은 지속될 것으로 보인다.

VI. 기업집단의 동일인 지정 규정에 관한 개편의 방향성

동일인 지정의 의미는 최초로 법에 도입된 1986년과 크게 달라져 있다. 예전에 재벌 총수 1인이 기업집단 전체에 대해 카리스마를 발휘하여 경영권을 행사하거나 사적 이익을 추구하는 사례는 점차 줄어들고 있다. 대신에 3세대, 4세대 경영자들이 기업집단을 분권화하거나 IT 등 테크놀로지 기반 산업처럼 애초부터 기업집단으로 인한 폐해가 크게 나타나고 있지 않은 경우도 있다. 따라서 차후 기업집단에 대한 심도있는 분석을 통해 동일인 지정제도 등에 대한 개편이 필요한 시점이라고 판단된다.

우리나라에서는 경제개발 시대 이후 1인 또는 그 가족에 의하여 실질적으로 소유·지배되는 대규모기업집단에 경제력이 집중되어 나타나는 폐해를 방지하기 위한 노력을 기울여 왔다. 이러한 폐해를 막기 위하여 공정거래법은 1986년 제1차 개정에서 기업집단 개념을 규정하는 등의 경제력집중 억제조항을 도입하였다. 동일인 지정과 관련하여 동일인으로 지정된 자연인이 회사보다 많은 것은 기업집단 지정제도의 연원(淵源)과 관련이 있다. 전술한 바와 같이 제도의 도입기인 1980년대는 소위 재벌 총수로 불리던 1인의 권한이 막강하여 그의 지시가 모든 계열사에 직접적인 영향을 주었던 시기였으므로 그 1인을 지정하는 것이 용이하였고, 지정을 당연하게 받아들여 지정된 당사자의 반발도 없었다.

그런데 시간이 지나 전통적인 재벌 1세대가 사망 등으로 퇴진하고 3세대 내지 4세대 등으로 이어지면서 기업집단의 상속 과정에서 형제남매간의 경영권 분

---

10) 공정거래위원회, 2024년도 공시대상기업집단 88개 지정, 보도자료, 2024. 05. 14., 9면.

쟁도 나타나 지분의 분산과 함께 권한의 분산도 이루어지게 되었다. 우리나라 자본시장이 고도화됨에 따라 각종 연기금이나 투자펀드 등 기관투자자가 기업집단에서 최대 지분을 취득한 경우도 늘어나 점차 자연인인 재벌 총수가 동일인으로 지정되는 사례는 줄어들게 될 것으로 예상된다. 이러한 추세는 특히 IT와 바이오 등 테크놀로지 기반 산업이 확산되는 현 상황 속에서 확대될 것으로 예측되는바, 이때에는 기업집단의 동일인은 자연인이 아닌 당해 기업집단에서의 지배회사가 되는 것이 현실성이 있다.

　　하지만 개정된 규정에 의하더라도 아래의 그림11)에서 볼 수 있는바와 같이 기본적으로는 자연인이 동일인으로 지정되는 것이 원칙이고, 기업집단을 지배하는 자연인이 전혀 없거나 혹은 법인을 동일인으로 지정하기 위한 중첩적인 요건을 충족시키는 예외의 상황이 있는 경우에만 법인이 동일인으로 지정된다.

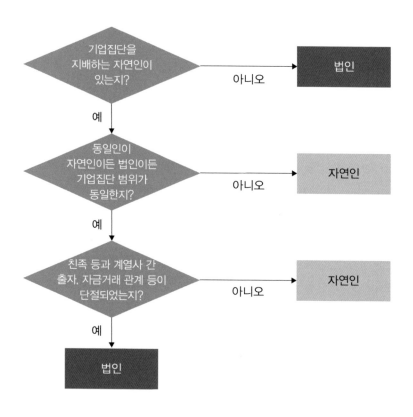

11) 공정거래위원회, 공정거래법 시행령 개정안 국무회의 통과, 보도참고자료, 2024. 05. 07., 2면.

기업집단의 동일인이 회사인가 자연인인가의 차이는 특수관계인에 대한 부당한 이익제공 등 금지(법 제47조)라고 할 수 있다. 공정거래법상 기업집단에 대한 규제의 내용을 보면 공시대상 기업집단에 대해서는 대규모내부거래의 이사회 의결 및 공시(법 제26조), 비상장회사 등의 중요사항 공시(법 제27조), 기업집단현황 등에 관한 공시(법 제28조), 특수관계인인 공익법인의 이사회 의결 등의 공시(법 제29조), 특수관계인에 대한 부당한 이익제공 등 금지(법 제47조)가 있고, 상호출자제한 기업집단에 대해서는 공시대상 기업집단에 대한 규제를 포함한 상호출자의 금지(법 제21조), 순환출자의 금지(법 제22조), 계열회사에 대한 채무보증의 금지(법 제24조), 금융회사 또는 보험회사의 의결권 제한(법 제25조)이 이루어지고 있다. 이러한 규제의 내용은 특수관계인에 대한 부당한 이익제공 등 금지(법 제47조)를 제외하면 동일인이 자연이이거나 회사이거나 무관하게 적용될 수 있다.

구분	공시대상 기업집단	상호출자제한 기업집단
지정기준	자산총액 5조 원 이상 기업집단	자산총액이 국내총생산액의 1천분의 5에 해당하는 금액 이상인 기업집단
적용되는 규제	① 대규모내부거래 이사회 의결 (제26조) ② 비상장회사 등의 중요사항 공시의무(제27조) ③ 기업집단 현황 등의 공시(제28조) ④ 특수관계인인 공익법인의 이사회의결 등의 공시(제29조) ⑤ 특수관계인에 대한 부당한 이익제공(제47조)	① 공시대상 기업집단에 대한 경제력집중 억제 규제 전부 ② 상호출자 금지(제21조) ③ 순환출자 금지(제22조) ④ 계열회사 채무보증 금지(제24조) ⑤ 금융·보험사 및 공익법인 의결권 제한(제25조)

동일인을 회사로 확정할 경우에 해당 기업집단에 대해서 특수관계인에 대한 부당한 이익제공 등 금지와 관련하여 사실상 면죄부를 주는 것 아니냐는 비판 여론이 제기될 것을 우려하여 공정거래위원회가 동일인을 회사보다는 자연인으로 확정하려는 경향을 보이는 것이라고 추론하는 견해[12]도 있다.

그런데 특수관계인에 대한 부당한 이익제공 등 금지(법 제47조)는 기업집단의

---

12) 서정, 기업집단의 동일인 확정에 관한 검토, 경쟁법연구 제43권, 2021, 254면.

경영에 따른 개인적인 사업기회유용 및 사익편취와 관련이 있으며, 기업집단의 구조적인 통제와 관련된 다른 규제조항과는 차이가 있다. 따라서 특수관계인에 대한 부당한 이익제공 등 금지의 대상은 회사 또는 기업집단에 지배적 영향력을 미침으로써 사익을 편취할 수 있는 능력이 있는 자들의 인적 집단으로 규율하고, 다른 행위의 대상은 객관적·정량적으로 파악된 지배회사로 지정하는 것이 타당하다. 당해 규정을 적용시키기 위해 많은 난점을 무릅쓰고 무리하게 자연인을 동일인으로 지정하기보다는 법 규정을 합리적으로 조정하여 사업기회유용 내지 사익편취를 적절하게 적발할 수 있도록 하여야 할 것이다.

[참고문헌]

강상엽, 동일인 지정제도: 정량적 기준과 정성적 기준의 비판적 검토, 경제법연구 제
　20권 제2호, 2021.

김우진/이은정/최난설헌, 동일인 지정 제도에 대한 비판적 검토: Centrality 적용 실증
　분석 및 제도 개선 방향, 법경제학연구 제17권 제3호, 2020.

서정, 기업집단의 동일인 확정에 관한 검토, 경쟁법연구 제43권, 2021.

서동원, 재벌의 과거, 현재, 미래, 상사법연구 제15권 제1호, 1996.

신영수, 공정거래법상 동일인 제도의 쟁점과 해석, 법학논고 제84집, 경북대학교 법학
　연구원, 2024.

이동원, 동일인 지정 제도와 기업집단 지정절차의 현황과 과제, 국회 기업집단 규제정
　책 개선 정책토론회 － 동일인 지정 제도 개선을 중심으로 －, 2023.10.5. 토론문

공정거래위원회, 공정거래법 시행령 개정안 국무회의 통과, 보도참고자료, 2024.5.7.

공정거래위원회, 2024년도 공시대상기업집단 88개 지정, 보도자료, 2024.5.14.

제 2 장

공정거래법상 동일인의
'사실상 지배'에 관한 해석기준

이봉의

공정거래법상 동일인의 '사실상 지배'에 관한 해석기준*

이 봉 의**

I. 총 설

1. 배 경

"정부의 잘못된 관행이 제도인 것처럼 인식·운영되는 것만큼 법치주의를 위협하는 것은 없다." 이러한 필자의 생각은 무엇보다 우리나라에서 공정거래법상 대기업집단 관련 규제를 들여다 볼수록 확신에 가까워진다. 법령상 그 정의조차 모호한 동일인을 중심으로 각종 규제의 대상인 공시대상 기업집단등의 범위를 정하는가 하면, 동일인이 사실상 지배하는 회사가 아님에도 불구하고 관련 법령의 합리적 해석이라기보다는 관행적으로 계열편입해온 공정거래위원회의 실무가 대표적이다. 1986년 기업집단 규제틀(regulatory framework)이 만들어진 후부터 최근까지 동일인 여부를 판단하는 기준과 확인절차도 없이 동일인을 사실상 지정해 오다가, 지난 2023년 6월 말에야 법적 근거도 없는 예규 제정안[1]을 행정예고한 것은 그간 법치 대신 관행이 중시되었던 단면을 잘 보여준다.

이러한 문제를 잘 보여주는 것이 바로 최근 계열편입의제가 문제되었던 기업집단 SK의 지정자료 허위제출에 관한 사건이다. 공정거래위원회는 킨앤파트너스, 플레이스포, 도렐, 더시스템랩건축사사무소 등 4개 회사가 구법 제2조 제2호 및 법 시행령 제3조에 따른 계열회사의 요건을 충족하여 기업집단 SK의 동일인

---

 * 이 논문은 서울대학교 법학연구소의 2024학년도 학술연구비 지원을 받았음(서울대학교 법학발전재단 출연).
 ** 서울대학교 법학전문대학원 교수, 법학박사(Dr. Ius.).
 1) 공정거래위원회 2023.6.29.자 보도자료, "동일인 판단 기준 및 확인 절차에 관한 지침 제정안 행정예고". 동 지침은 2024.1.1.부터 시행되었다. 공정거래위원회 예규 제446호 2023.12.27. 제정.

이 사실상 지배하는 계열회사임에도 지정자료에서 누락되었다는 이유로 이들 회사에 대하여 계열회사편입의제 처분을 내린 바 있고,[2] 동일인 총수에게는 경고 처분을 내렸다.[3] 현재 공정거래위원회의 처분에 대한 취소소송이 서울고등법원에 계류되어 있다. 공정거래위원회가 고발을 하지 않고 경고에 그친 이유로는 법위반의 중대성은 인정되나, 동일인의 법위반에 대한 인식가능성이 경미하고, 위 4개사의 지정자료 누락이 기업집단 SK의 상호출자제한기업집단 지정에 미치는 영향이 없는 점이었다고 한다.

이와 관련하여 이 글은 독점규제 및 공정거래에 관한 법률(이하 "공정거래법")상 기업집단 내지 계열회사의 범위를 정하는 기준인 '동일인의 사실상 지배' 여부를 판단하는 세부기준으로 시행령 제4조가 규정하고 있는 지분율 요건과 지배력 요건을 어떻게 판단하여야 할 것인지, 양자의 관계는 어떠한지에 관한 합리적인 해석론을 지정제도 및 경제력집중억제의 입법취지와 규정체계 및 관련 규정의 문언을 종합적으로 고려하여 제시하고자 한다. 비록 위 사건에서 동일인이 고발되지는 않았으나, 지정자료 누락이 인정되어 사후적으로 계열편입의제처분이 내려진 이상 계열편입의 법적 요건을 합리적으로 해석하는 작업은 여전히 중요한 의미를 가질 수밖에 없다. 이와 관련하여 해외에서는 경쟁당국이 기업집단을 지정하는 예가 없으므로,[4] 위 사건과 같은 법리적 다툼이 발생할 여지가 없음을 미리 밝혀둔다.

2. 해석상 주요 쟁점

공정거래법상 동일인은 기업집단을 정의하는 핵심적인 개념요소이자, 구체적으로 계열회사 여부를 판단하기 위한 출발점이다.[5] 즉, 기업집단이란 동일인이 사실상 그 사업내용을 지배하는 회사의 집단을 말한다(법 제2조 제11호). 동일인의 사실상 지배를 받는 회사는 곧 계열회사를 의미한다. 이때, 동일인의 사실상 지배 여부는 개별적·구체적으로 판단할 수밖에 없는바, 구체적으로 시행령은 지

---

2) 동 편입의제처분에 대해서는 2022.4.27.자 서울고등법원의 집행정지 결정이 있었고, 공정거래위원회가 대법원에 항고하였으나 2022.7.20. 항고가 기각된 바 있다.
3) 공정거래위원회 의결 제2023-049호, 2023.3.15.
4) 독일 콘체른법이 지배관계를 중심으로 기업집단에 관한 회사법적 규정을 담고 있으나, 공법적 규제를 위하여 사전에 일정한 기업집단을 지정하는 것은 아니다.
5) 권오승·서정, 「공정거래법: 이론과 실무」, 법문사, 2022, 534면.

분율 요건을 충족하거나 또는 지배력 요건을 충족하는 회사를 판단하는 세부기준을 명정하고 있다(령 제4조 제1호 및 제2호). 즉, 동일인이 단독으로 또는 동일인관련자와 합하여 지분율이 30% 이상이고 직접 또는 동일인관련자를 통하여 해당 회사의 경영에 지배적인 영향력을 행사하고 있다고 인정되는지 여부가 관건이 된다. 이처럼 동일인은 특정 회사를 사실상 지배하는 자이기는 하나, 동일인관련자 – 대표적으로 다른 계열회사 – 를 통한 지배가 가능하므로 해당 회사의 지분을 직접 보유하고 있어야 하는 것도 아니고, 직접 일부 지분을 보유하고 있는 경우에도 그밖의 방법으로 해당 회사를 사실상 지배할 수 있는지를 기준으로 판단한다는 점에서 회사법상 지배주주와는 개념상 구별된다.[6]

　그런데 시행령 제4조 각호가 제시하고 있는 계열 판단이란 그리 간단한 작업이 아니며, 계열 요건의 충족 여부가 모호한 경우도 심심치 않게 발생하는바, 공정거래법상 대기업집단 규제의 입법취지와 목적 및 개별 조항의 의미와 체계를 감안하여 동일인의 사실상 지배 여부를 합리적으로 해석할 필요가 있다. 위 사건에서 공정거래위원회는 동일인이 해당 회사의 주식을 단 1주도 소유하지 않고 있음에도 소속 비영리법인 소속의 임원이 소유한 지분율만을 들어 동일인의 사실상 지배를 인정하거나 동일인과 무관하게 그의 친족이 해당 회사의 주요 의사결정이나 업무집행에 지배적인 영향력을 행사하고 있음에도 불구하고 별다른 사유 없이 동일인에게 사실상 지배를 귀속시키고 있는 것도 시행령 제4조의 해석상 난점을 잘 보여주고 있다.

　여기서 계열편입의제와 관련해서는 크게 세 가지 쟁점을 살펴보아야 한다. 첫째는 동일인이 단 1주도 주식을 소유하지 않고 있는 경우에도 동일인관련자가 소유한 지분(율)만을 이유로 시행령 제4조 제1호의 지분율 요건이 충족된다고 볼 수 있는지 여부이다. 위 사건에서는 SK그룹의 동일인이 전혀 지분을 갖고 있지 않은 상태에서 소속 비영리법인의 임원이 소유하고 있는 지분을 들어 동일인이 해당 회사(킨앤파트너스와 더시스템랩건축사사무소. 플레이스포와 도렐은 킨앤파트너

---

6) 회사법상 지배주주는 직접 해당 회사를 지배할 수 있을 정도의 다수지분을 보유한 자로서 개별 회사 단위로 판단하게 되는 반면, 동일인은 개별 회사가 아니라 기업집단 단위에서 지배구조의 최정점에 있는 자를 가리킨다. 이와 달리 동일인을 지배주주와 유사한 의미로 이해하는 견해(강상엽, "동일인 지정제도에 대한 재검토: 몇 가지 쟁점을 중심으로", 상사법연구 제42권 제1호, 2023, 101면)도 있으나, 타당하지 않다. '기업집단의 지배주주'(신현윤·홍명수·강상엽, 대기업집단규제론, 법문사, 2021, 157면)라는 용어도 외국인이 이해하기 쉬운 측면은 있으나 그 자체가 성립할 수 없는 개념이다.

스의 자회사로서 킨앤파트너스를 SK그룹의 계열회사로 간주할 경우에는 당연히 이들 2개 회사도 계열회사에 편입됨)를 사실상 지배하고 있다고 해석할 수 있는지가 다투어진 바 있다.

둘째는 동일인이 주요 의사결정에 별다른 관여를 하지 않고 있음에도 동일인관련자가 자금대차관계 등 실질적으로 지배력을 행사하고 있다는 이유로 일부 회사에 관하여 시행령 제4조 제2호의 지배력 요건이 충족된다고 볼 수 있는지 여부이다. 위 사건에서는 SK그룹 동일인의 4촌 이내 친족과 킨앤파트너스 사이에 자금거래가 존재한다는 이유로 후자인 킨앤파트너스를 동일인의 사실상 지배를 받는 계열회사로 해석할 수 있는지가 다투어진 바 있다. 그리고 셋째는 시행령 제4조 제1호와 제2호의 관계를 어떻게 해석하여야 하는지에 관한 것이다. 문언상으로는 제1호와 제2호의 요건이 누적적으로 충족되어야 동일인의 사실상 지배가 인정될 것으로 보이는바, 공정거래위원회의 실무는 그렇게 보이지 않기 때문이다.

3. 출발점 : 고정관념에서 벗어나기

공정거래위원회는 어언 40여 년에 걸쳐 대기업집단 지정업무를 수행해왔다. 실무과정에서 고착된 관행이 법률의 문언과 취지를 무색하게 만든 면이 있고, 그만큼 관행에 기초한 잘못된 법집행이 뿌리깊은 고정관념을 가져온 것으로 보인다. 여기서는 대기업집단 지정 및 계열관계 확인과정에서 보이는 대표적인 고정관점을 타파하기 위하여 간략하게나마 몇 가지를 짚고 넘어가고자 한다.

첫째, 동일인과 동일인관련자의 관계는 절대적인 것이 아니라 상대적이라는 점이다.[7] 동일인인지 동일인관련자인지는 동일인이 특정된다고 해서 자동으로 정해지는 것이 아니며, 계열회사 여부가 문제되는 해당 회사를 중심으로 그 회사를 사실상 또는 실질적으로 지배하는 자가 누구인지에 따라 달라지는 것이다. 즉, 동일인 A의 2촌 혈족 B는 언제나 절대적으로 A의 동일인관련자에만 해당하는 것이 아니고, 만약 계열편입 여부가 문제되는 회사 X를 사실상 지배하는 자가

---

7) 동일인을 중심으로 대기업집단 지정이 이루어지는 반면, 정작 어떤 기업집단의 동일인을 지정하는 기준이나 절차가 규정되어 있지 않기 때문에 엉뚱한 자가 동일인으로 간주되는 경우에도 이를 다툴 수조차 없는 실정이다. 공정거래위원회의 다분히 자의적인 동일인 지정을 지적하는 견해로 강상엽, "동일인 지정제도: 정량적 기준과 정성적 기준의 비판적 검토", 경제법연구 제20권 제2호, 2021, 207면.

A와 무관하게 B라고 인정된다면 바로 B가 X라는 회사의 동일인이 되는 것이다. 경우에 따라서는 B가 동일인이 되고 A가 동일인관련자가 될 수도 있다는 의미이다. 쉽게 말해서 일견 동일인관련자가 실질적으로 다른 기업집단의 동일인일 수 있다는 것이다. 이러한 원리가 반영된 하나의 예가 바로 친족독립경영회사에 대한 계열제외임은 후술한다. 여기서는 한 가지만 언급하기로 한다. 즉, 계열제외란 계열편입 이후 그룹경영권의 승계과정에서 계열분리할 사정이 발생한 경우에 이를 처리하기 위한 절차라는 점이다. 따라서 동일인의 사실상 지배를 인정하기 어려운 경우, 대표적으로 동일인이 아니라 동일인관련자가 단독으로 지배하는 회사조차 일단 동일인의 계열회사로 간주하고 추후 필요시 계열편입이 의제된 회사가 요건을 갖추어 제외절차를 밟도록 하는 것은 행정편의에 치우친 관행으로서 바람직하지 않다.[8]

둘째, 공정거래법 시행령 제4조 제1호와 제2호는 사실상 지배를 판단하는 접근방법에 있어서 전혀 상이하다는 점이다. 제1호는 지분율만을 근거로 동일인의 사실상 지배를 기계적으로 추단하는 것이기 때문에 개별 사안의 특성을 감안하지 않은 채 동일인관련자의 지분율에만 의지하여 해당 회사의 지배를 동일인에게 귀속시키는 공정거래위원회의 실무는 타당하지 않다. 그리고 제2호는 대표이사 등 임원선임이나 조직변경 또는 투자 등 주요 의사결정에 지배적인 영향력을 행사하고 있는지 등의 사정을 종합적으로 고려하여 종국적으로 누가 동일인인지를 평가하도록 하는 것이다. 동일인이 직접 또는 '동일인관련자를 통하여' 해당 회사를 사실상 지배하고 있는지 여부는 공정거래위원회가 입증하여야 하며, 이를테면 단지 해당 회사가 동일인관련자와 일부 거래가 있다는 사실은 들어서 동일인의 해당 회사에 대한 사실상 지배를 보여줄 수 있는 여러 정황 중의 하나에 불과하다.

셋째, 설사 시행령 제4조 제1호가 충족되더라도 가족구성원 중에 누가 동일인인지가 언제나 명확한 것은 아니다는 점이다. 단순히 동일인과 동일인관련자의 지분율 합계만으로는 가족구성원 중에서 누가 다른 회사를 사실상 지배하는지 추단하기가 곤란하기 때문이다. 시행령 제4조의 체계에 비춰볼 때, 동일인의 사실상 지배란 지분율 외에 여러 사정을 종합적으로 고려하여 판단하는 것이 원칙이고, 이 점에서 정량적 기준은 언제나 한계를 가질 수밖에 없다는 점을 간과해

---

8) 이와 유사한 문제제기로는, 강상엽, 위의 글, 110면 각주 26.

서는 안 된다. 따라서 정량적 기준만으로 동일인의 사실상 지배가 확실하지 않은 경우에 공정거래위원회는 지배력 기준 내지 정성적 기준을 함께 고려하여 누가 해당 회사를 사실상 지배하는 동일인인지를 살펴보지 않으면 안 되는 것이다.[9]

II. 대기업집단 지정과 계열편입, 계열편입의제

1. 지정제도의 취지와 동일인의 해석

무릇 사적 자치에 대한 예외라는 성격을 가지는 '규제'에는 언제나 나름의 목적이 있게 마련이다. 맹목적인 규제란 자유시장경제를 기본으로 하는 우리나라 헌법상 경제질서에서 상상할 수 없는 일이기 때문이다(헌법 제119조 제1항, 제2항 참조). 공정거래법을 비롯한 경제법령을 해석·적용함에 있어서 규범목적 (Normzweck) 내지 목적론적 해석(teleologische Auslegung)을 강조하는 이유도 여기에 있다.[10] 동일인을 중심으로 대기업집단을 지정하고, 그에 앞서 개별 회사마다 동일인의 사실상 지배 여부를 따지는 것도 경제력집중의 억제라는 기업집단 지정제도의 목적과 취지에 부합하여야 함은 물론이다.

공정거래법상 1981년 이후 유지되던 품목별 시장지배적 사업자의 사전지정이 1999년에 폐지된 이후 현재 남아 있는 지정이라면 공시대상기업집단 및 상호출자제한기업집단을 지정하는 것이 유일하다(법 제31조). 기업집단을 논하기 위한 개념적 출발점인 '동일인'에 대해서는 최근에 공정거래위원회가 그 판단기준과 확인절차를 예규로 제정한 바 있으나, 동일인을 지정하는 법적인 절차는 아직 존재하지 않으며 동일인으로 확인된 자가 공정거래위원회의 판단을 법적으로 다툴 방법도 없다. 반면, 공시대상기업집단 등으로 지정될 경우에 소속 회사들은 자동적으로 상호출자·순환출자의 금지나 금융·보험회사의 의결권 제한 등 다양한 사전규제를 받게 된다는 점에서 지정처분은 불이익처분의 성격을 가지며, 그 당연한 결과로 지정된 기업집단의 계열회사는 지정처분의 취소를 구하는 불복의 소를 제기할 수 있다. 현행법상 동일인을 확인함에 있어서 공정거래위원회가 더

---

9) 서정, "기업집단의 동일인 확정에 관한 검토", 경쟁법연구 제43권, 2021, 247면 이하.
10) 대표적으로 "포스코" 판결(대법원 2007.11.22. 선고 2002두8626 판결)에서 대법원 전원합의체는 외관상 동일한 거래거절행위라도 남용 또는 불공정거래행위가 문제되는지 여하에 따라 해당 규정의 목적에 비추어 부당성을 판단해야 한다는 점을 분명히 밝힌 바 있다.

욱 신중을 기해야 하는 이유도 바로 여기에 있다.

2. 계열편입과 계열제외

공정거래법상 기업집단과 관련된 편입에는 계열회사로의 편입이 있으며, 이 것은 다시 공시대상기업집단 등으로 지정하면서 소속 회사를 특정하는 '지정편입'과 지정 이후 해당 회사의 요청이나 공정거래위원회의 직권으로 이루어지는 편입 내지 '의제편입'으로 나누어진다. 어느 경우에나 계열편입을 통하여 대기업집단의 구체적인 범위가 정해지며, 편입 이후에는 해당 회사에 대한 통지, 이른바 편입통지가 이루어진다(법 32조 제1항). 계열편입으로 해당 회사가 공시의무나 순환출자의 금지 등 각종 규제를 받게 된다는 점에서, 공정거래위원회의 편입조치는 전형적인 불이익처분에 해당하고, 편입통지를 받은 회사는 불복의 소를 통하여 그 위법·부당을 다툴 수 있다는 데에는 이견이 없다. 반면, 기업집단 지배구조의 최정점에 있는 동일인은 사실상 지정자료 제출에 관한 의무를 부담할 뿐, 일단 대기업집단 및 그 계열회사가 지정되고 난 후에도 동일인은 공정거래법상 별다른 규제를 받지 않는다.

그런데 어떤 자가 동일인관련자에 해당되는지와 관련해서는 시행령 제4조 제1호 각목의 규정 외에 공정거래위원회가 이를 확인하는 절차는 마련되어 있지 않으나, 동일인관련자는 '동일인과 함께' 이들이 사실상 지배하는 회사를 계열회사로 편입시키게 된다는 점에서 계열편입 여부를 판단하는 과정에서 매우 중요한 의미를 갖는다. 여기서는 동일인관련자가 언제나 동일인을 도와서 다른 회사를 사실상 지배하게 하는 '종된' 지위만을 가지는 것이 아니라는 점만을 언급하고자 한다. 배우자나 4촌 이내의 친족 또는 3촌 이내의 인척이 스스로 주된 지위에서 다른 회사를 사실상 지배하여 동일인으로 인정되는 친족독립경영회사의 경우가 그러하며, 동일인이 사실상 지배하는 계열회사의 임원이 실질적으로 지배하고 있는 임원독립경영회사도 마찬가지이다. 공정거래법이 계열편입에서 제외될 수 있는 장치를 두고 있는 취지는 동일인관련자가 동일인으로부터 독립하여 다른 회사를 실질적으로 지배하는 경우가 발생할 수 있고, 이 경우에는 해당 회사를 동일인이 지배하는 기업집단의 계열회사로 볼 수 없도록 하려는 데에 있음은 물론이다.

3. 계열편입의제의 취지와 해석론의 출발점

계열편입은 동일인과 특정 회사 사이의 지배관계를 전제로 이루어진다. 다시 말해서 어떤 회사를 사실상 지배하는 자가 동일인인지 아닌지를 개별 사례마다 따져보아야 하는 것이다. 그런데 동일인의 사실상 지배를 판단하기란 쉽지 않은 작업이고, 따라서 시행령 제4조는 일정한 요건을 충족하는 경우에 동일인의 사실상 지배를 인정하여 계열편입을 간주하고 있는 것이다. 문제는 계열편입의제를 위한 요건이 충분히 명확하지 않음으로써 동일인이 의도치 않게 계열회사를 누락하거나 자신이 사실상 지배하지도 않는 회사를 계열회사로 신고하게 된다는 점이다.

이러한 문제가 왜 생기는 것일까? 그 원인은 복합적이겠지만 무엇보다 지분율 요건 자체가 매우 경직적이고, 지배력 요건 또한 실무상 행정편의적으로 적용되고 있는 데에서 찾을 수 있다. 동일인의 사실상 지배 여부는 그 성질상 여러 사정을 종합적으로 고려하여 판단할 수밖에 없음에도 불구하고, 공정거래위원회는 계열회사 범위 획정의 편의성과 예측가능성을 위하여 시행령 제4조를 매우 기계적으로. 가급적 폭넓게 해석하는 방향으로 운용하고 있는 것이다.

이처럼 시행령 제4조가 기계적으로 경직되게 운영될 것을 미리 염두에 둔 것인지는 모르겠으나, 결과적으로 보자면 계열편입을 폭넓게 의제해 놓고 실제로 동일인이 지배하지 않는 회사는 스스로 이를 입증하여 계열제외를 받아내도록 하는 것이 현행법의 태도임은 전술한 바와 같다. 이로부터 다음과 같은 몇 가지를 확인할 수 있다.

첫째, 시행령 제4조의 계열편입의제 여부는 지분율 요건과 지배력 요건을 종합적으로 고려하여 판단하여야 한다. 동조의 문언 "다음 각호의 회사"를 보자면 동일인이 단독으로 또는 동일인관련자와 합하여 30% 이상의 주식을 소유하면서 최다출자자이더라도 그가 해당 회사의 경영에 대하여 지배적인 영향력을 행사하고 있는지를 살펴보아야 하는 것이다. 둘째, 시행령 제4조에 따라 일단 동일인의 사실상 지배가 간주되는 경우에 동일인으로서는 이를 직접 다툴 수 있는 방법이 없으며, 해당 회사가 친족독립경영회사나 임원독립경영회임을 들어 지정제외를 요청하는 수밖에 없다.[11] 셋째, 법률이 정한 계열제외를 거치지 않은 회사는 예

---

11) 공정거래위원회 예규 제440호, 2023.8.25. 「독립경영 인정제도 운영지침」.

외없이 동일인의 계열회사로 간주되고, 동일인이 이를 신고에서 누락한 때에는 허위자료제출로 형사처벌을 받게 된다.

이상의 점을 기초로 아래에서는 계열편입의제의 실무상 발생하는 쟁점을 살펴보고, 대기업집단 규제의 취지에 비추어 올바른 해석론을 모색하기로 한다. 시행령 제4조의 해석을 위한 지침조차 없는 상태에서 계열편입이라는 제도를 수십 년간 공정거래위원회의 실무관행에만 의존하여 운영해왔기 때문에, 차제에 계열편입 여부를 판단하기 위한 기준을 마련할 필요가 있음은 물론이다.

III. 주요 쟁점별 검토

1. 지분율 요건(시행령 제4조 제1호)의 해석

(1) 동일인이 단 한 주도 주식을 소유하지 않은 회사도 지분율 요건을 충족할 수 있는지 여부

먼저, 공정거래위원회는 실무상 시행령 제4조 제1호를 근거로 오로지 지분율만으로 동일인의 사실상 지배를 간주하는 방식으로 계열편입을 의제하고, 해당 회사를 신고에서 누락한 경우에 허위자료제출을 문제삼고 있다. 앞서 언급한 기업집단 SK의 사례도 그러하다. 즉, 동일인이 단독으로 또는 동일인관련자와 합하여 30% 이상의 주식을 소유하면서 동시에 최다출자자인 회사는 동일인의 사실상 지배에 놓여 있는 것으로 '간주'하고, 그 결과 해당 동일인의 계열회사로 편입된다는 것이다. 말 그대로 간주조항이므로, 공정거래법상 동일인이 해당 회사가 지분율에도 불구하고 계열회사가 아님을 주장하거나 계열편입을 다툴 수 있는 방법은 없다. 문제는 동일인과 동일인관련자가 합하여 30% 이상의 지분을 소유하여 최다출자자인 회사라 하더라도 언제나 동일인이 당해 회사를 사실상 지배하고 있다고 간주하는 것이 종종 현실에 맞지 않을 수 있다는 데에 있다.[12] 이를테면 합작기업을 설립하면서 동일인 및 (그가 사실상 지배하는) 해당 기업집단의 계열회사 A가 합하여 51%의 지분을 갖게 되더라도 다른 참가회사 B와의 약정에 따라 실질적인 지배는 다른 참가회사 B와 동등하게 보장될 수도 있고, 경우에 따

---

12) 심지어 동일인과 동일인관련자가 서로 적대관계에 있는 경우에도 양자를 합하여 지분율 요건이 충족되면 후자가 훨씬 더 많은 지분을 보유하고 있는 경우에도 전자가 해당 회사를 사실상 지배하는 것으로 간주되는 것도 마찬가지로 부당하다. 강상엽, 앞의 글, 208면 이하.

라서는 다른 참가회사 B가 주도적으로 합작기업의 주요 의사결정을 내릴 수도 있는 것이다.

그런데 공정거래위원회의 실무와 같이 제1호의 해석상 동일인이 해당 회사의 주식을 전혀 소유하지 않은 경우에도 동일인관련자의 지분율을 기계적으로 '합산'하여 사실상 지배를 인정하는 것은 타당하지 않다. 공정거래위원회의 실무는 시행령 제4조의 취지나 제1호·제2호의 체계적 해석에 부합한다고 보기 어려운데, 그 이유는 다음과 같다.

첫째, 제1호의 문언상 30% 이상 소유 여부의 일차적인 주체는 어디까지나 동일인이다. 동일인이 해당 회사를 사실상 지배하는지 여부가 관건이고, 경우에 따라서는 단독으로 해당 회사를 지배할 정도의 지분을 갖고 있지 않더라도 (동일인의 보유지분과) 동일인관련자의 지분을 합칠 경우에는 해당 회사를 지배할 수 있다면 일응 동일인이 지배하는 것으로 간주하겠다는 것이다. 동일인지분율을 단순 합산하여 사실상 지배를 언제나 동일인관련자가 아니라 동일인에게만 귀속시키는 태도 또한 현실에 맞지 않을 수 있다는 부분은 차치하더라도, 그에 앞서서 제1호의 취지에 비춰볼 때 일단 동일인이 직접 해당 회사의 주식을 일정 비율 소유한 상태라야 비로소 동일인관련자의 지분율을 비로소 합산하는 의미가 있는 것이다. 이와 달리 공정거래위원회의 실무와 같이 동일인관련자만 해당 회사의 주식을 30% 이상 소유하고 있는 경우에도 그로부터 엉뚱하게 동일인의 사실상 지배를 추단하는 것은 — 동일인과 동일인관련자의 특수한 관계 여하에 따라서 가능하기는 하나 — 적어도 일반적인 타당성을 담보하기란 불가능하다. 예컨대 동일인은 단 1주도 없는 상태에서 그의 배우자 등 친족이 40%의 지분을 보유한 회사라면 해당 배우자가 그 회사를 사실상 지배하는 것으로 보는 것이 상식에 부합하고, '특별한 사정이 없는 한' 지분도 전혀 없는 동일인에게 사실상 지배를 귀속시킬 수는 없는 것이다.

둘째, 시행령 제4조 제1호는 구체적인 사례에서 단순 합산한 지분율이 30% 이상인 회사를 계열회사로 간주하더라도 동일인이나 계열편입되는 회사가 지분율에도 불구하고 동일인이 사실상 지배를 다툴 수 있는 여지를 남겨두지 않고 있다. 이 점은 제1호를 해석함에 있어서 그 문언의 의미를 더욱 엄격하게 해석하여야 할 또 다른 이유가 된다. 다시 말해서 제1호의 지분율 요건을 계열관계를 포착한다는 목적을 고려하여 합리적으로 해석할 필요가 큰 것이다. 이러한 맥락에서 시행령 제4조는 설사 동일인과 동일인관련자의 지분율 합계가 30% 이상이더라도 동일인이 해당 회사를 사실상 지배하지 않을 수 있는 점을 감안하여 − 적어도 보충적인 의미에서 − 제2호의 경영상 지배적인 영향력을 행사하고 있는지를 따져보도록 규정하고 있는 것이고, 이러한 해석이 계열편입을 사실상의 지배라는 추상적 개념에 맞게 합리적으로 운영할 수 있는 방법이다.

이러한 해석에 대해서는 다음과 같은 반론이 가능할 것인데, 한번 따져보기로 하자. 즉, 동일인이 배우자 등 친족의 명의를 빌려서 이른바 차명(借名)으로 해당 회사의 주식을 소유하면서 자신은 전혀 주식을 보유하지 않는 방법으로 계열편입을 면탈할 수 있다는 주장이 가능하다. 그런데 공정거래법상 동법에 따른 주식의 취득 또는 소유는 취득 또는 소유의 명의에 관계없이 실질적인 소유관계를 기준으로 하게 되어 있고(법 제10조), 따라서 동일인이 친족 명의로 주식을 소유한 경우에는 공정거래위원회가 언제라도 실질적인 소유자인 동일인의 소유로 보아 지분율에 따른 사실상 지배를 인정할 수 있고, 달리 규제상 공백은 발생하지 않는다. 동일인관련자만 해당 회사의 주식을 소유한 경우에도 기계적으로 동일인의 사실상 지배를 인정한다는 것은 친족 명의의 주식을 예외 없이 동일인의 차명소유로 간주하는 것과 마찬가지여서 그 부당함은 다언을 요하지 않는다.

요컨대, 동일인이 주식을 전혀 보유하지 않은 상태에서 동일인관련자가 해당 회사의 주식을 30% 이상 소유하고 있음을 이유로 동일인의 사실상 지배를 추단하기 위해서는 동일인과 해당 동일인관련자의 '실질적인 관계'에 착안해야 한다. 즉, 이들 사이의 관계적 특성으로 인하여 동일인이 동일인관련자를 통하여 해당 회사의 주요 의사결정을 내리는 등 지배적인 영향력을 행사하는 경우에만 계열편입이 정당화될 수 있기 때문이다. 그리고 동일인과 동일인관련자의 관계를 고려하여 지분율에 더하여 경영상 지배적 영향력 행사를 고려하기 위해서는 결국 제4조 제2호를 함께 고려하여 최종적으로 계열편입 여부를 정한다는 의미가 된다.

(2) 그렇다면 동일인은 어느 정도의 지분을 소유하여야 하는가?

동일인 총수(甲)가 특정 회사(A사)의 지분을 전혀 보유하지 않은 상태에서 해당 기업집단 소속 비영리법인의 이사(乙)가 A사의 지분을 상당 부분 보유하고 있음을 들어 시행령 제4조 제1호만을 근거로 갑의 존재하지도 않는 지분을 을과

인위적으로 합산하여 A를 갑이 지배하는 계열회사로 의제하는 것이 타당하지 않음은 전술한 바와 같다.

그렇다면 시행령 제4조 제1호의 지분율 요건을 충족하기 위해서 과연 동일인은 어느 정도의 지분을 소유하여야 하는가? 적어도 1주 이상을 소유하여야 한다는 점은 분명하나, 과연 동일인이 지분율만으로 다른 회사의 사업내용을 지배하기 위해서 어느 정도의 지분을 소유하고 있어야 하는지는 특정하기 어렵다. 생각건대, 동일인이 단독으로는 30%에 미치지 못하지만 동일인관련자와 합칠 경우에 비로소 30% 이상의 지분을 소유하면서 최다출자자가 되어야 하는 것으로 이해하는 것이 동호의 취지와 규정체계에 부합하는 합리적인 해석론으로 보인다. 이와 달리 제1호만 놓고 보자면 적어도 동일인에게 '지배목적'을 인정할 수 있는 수준의 지분율을 요한다고 해석할 수도 있을 것이다. 그렇지 않을 경우에는 일견 동일인관련자가 사실상 지배목적으로 상당한 지분을 소유하고 있고, 동일인은 단순 투자목적 등으로 소수의 지분만을 소유하고 있거나 지분을 전혀 가지지 않은 경우에도 동일인에게 기계적으로 사실상 지배를 귀속시키는 오류가 발생할 수 있기 때문이다. 다만, 이와 같이 해석할 경우에는 지배목적 여부를 판단하는 과정에서 결국 제2호와의 구분이 모호해지는 문제가 발생한다.

시행령 제4조 제1호의 해석을 둘러싼 혼선은 공정거래위원회의 안이한 실무 태도 외에 무엇보다 공정거래법상 동일인과 동일인관련자를 고정된 개념으로 오해하는 데에서 비롯된다. 즉, 일정한 회사를 지배하는 동일인이 정해지면, 그 자와 시행령 제4조 제1호의 관계에 있는 자는 무조건 동일인관련자가 되고, 이러한 관계는 고정불변이라고 잘못 인식하는 것이다. 동일인관련자라도 특정 회사를 사실상 지배하는 경우를 얼마든지 상정할 수 있고, 그렇다면 특정 회사에 대한 관계에서는 일견 동일인관련자라도 그 실질에 있어서는 동일인이 될 수 있는 것이다. 예를 들어, 기업집단 A의 동일인으로 지정된 자의 4촌 혈족이 단독으로 ─ 즉, 동일인의 지분은 전혀 없이 ─ 30% 이상의 주식을 소유하여 직접 지배하는 것이 가능하고, 그밖에 그가 사실상 지배하는 또 다른 회사가 존재하는 때에는 그 4촌 혈족이 별도로 동일인이 될 수 있다. 동일인 총수가 출연하여 설립한 비영리법인의 임원은 시행령 제4조 제1호에 따른 동일인관련자에 해당하나, 그 임원이 ─ 동일인의 지분 없이 ─ 단독으로 해당 회사의 주식을 30% 이상 소유한 경우도 마찬가지이다.

한편, 이와 같이 개별 사례마다 동일인이 지배목적으로 일정 지분을 소유하고 있는지를 따져보아야 한다고 해석할 경우에는 시행령 제4조 제1호가 지분율만으로 사실상 지배를 인정한 것이라는 지배적인 해석론과 배치되는 결과가 발생할 수 있다. 동일인의 지분율만으로 사실상 지배 여부를 정확하게 파악할 수 없는 경우에는 결국 지분율과 시행령 제4조 제2호 각목의 여러 사정을 종합적으로 고려하여 동일인의 사실상 지배 여부를 판단하여야 하기 때문이다. 사견으로는 다음과 같이 시행령 제4조를 동일인의 '사실상 지배'를 판단하는 하나의 통일적인 기준을 정한 것으로 해석하는 것이 타당하다고 본다. 즉, 제4조가 "다음 각호의 회사"를 동일인이 사실상 그 사업내용을 지배하는 회사로 규정하고 있는바, 문리적 해석에 따라 구체적인 사례마다 제1호 및 제2호에 해당되는지 여부를 종합적으로 고려하여 누가 해당 회사를 사실상 지배하는지를 살펴보아야 하는 것으로 해석할 필요가 있다. 이와 같이 해석할 경우에 공정거래위원회가 동일인의 사실상 지배를 입증하는데 다소 난점이 발생할 수는 있으나, 동일인 또는 동일인관련자의 지분율만으로 언제나 전자의 사실상 지배를 추단하게 되는 불합리함을 제거할 수 있다는 점에서 보다 합리적인 법집행이 될 수 있을 것이다.

이와 같이 동일인이 지배목적으로 일정 비율 이상의 주식을 소유한 경우에 한하여 동일인관련자의 지분율을 합하여 30% 이상이면서 최다출자자인지 여부를 따져서 해당 회사를 동일인이 지배하는 계열회사로 인정할 수 있는 것이고, 동일인의 지분 없이 오로지 외관상 동일인관련자가 단독으로 30% 이상의 주식을 소유하여 최다출자자인 경우에는 원칙적으로 그 자에게 사실상 지배를 귀속시키는 것이 타당하다. 이와 달리 지분이 하나도 없는 동일인에게 사실상 지배를 인정하기 위해서는 시행령 제4조 제2호에 열거된 사정을 종합적으로 고려하여 공정거래위원회가 동일인관련자가 아닌 바로 동일인의 지배적 영향력을 입증하여야 하는 것이다.

2. 지배력 요건의 해석

(1) 지분율 요건과의 차이 및 시사점

지분율 요건이 동일인 및 동일인관련자가 소유한 지분율만으로 동일인의 사실상 지배를 인정할 수 있는 기준인 반면, 지배력 요건은 구체적인 상황에서 동일인이 지분율 이외에 사실상 그 회사를 지배하고 있다고 볼 만한 여러 사정을 종합적으로 고려할 수 있는 여지를 두고 있다. 전자는 지분율이라는 다분히 형식적인 단일 요건을 통하여 동일인의 사실상 지배를 추단하는 것인 반면, 후자는 구체적인 사례마다 동일인이 실제로 다른 특정 회사에 대하여 지배적인 영향력을 행사하고 있는지를 따져보아야 한다. 이와 같이 해석할 경우에 지분율 요건으로 포섭되지 못하는, 동일인이 사실상 지배하고 있으나 동일인관련자와 합하여 지분율 30% 요건을 충족하지 못하는 경우는 모두 지배력 요건을 통해서 포섭할 수 있으며, 달리 규제상의 흠결은 존재하지 않는다.

그럼에도 불구하고 공정거래위원회가 실무상 지분율 요건을 문리적 범위를 넘어서 확대해석하는 방식으로 동일인의 계열회사를 파악하는 것은 행정편의주의에 지나지 않는다. 지분율 요건이 충족되지 않음에도 불구하고 계열회사로 의심되는 경우에는 공정거래위원회가 지배력 요건의 해당 여부를 따져봄으로써 동일인의 계열회사를 포섭하면 족할 일이다.[13] 그런데 지배력 요건이란 그 성질상 동일인이 그 요건을 적절히 해석하여 빠짐없이 계열회사를 신고하기란 현실적으로 매우 어렵다. 입법론으로 해결할 문제이다. 즉, 지배력 요건에 따른 계열회사 여부 및 그에 따라 제출된 지정자료에 관하여 사후적으로 공정거래위원회가 다른 판단을 하게 되더라도 허위자료의 제출이나 지정자료의 미제출을 이유로 적어도 형사고발을 할 수 없도록 관련 법령을 개정할 필요가 있어 보인다. 현재로서는 공정거래위원회의 신중한 법적용이 필요한 부분이다.

(2) 지배력 요건의 해석

시행령 제4조 제2호는 ① 각목에 해당하는 회사로서 ② 동일인이 해당 회사의 경영에 대해 지배적인 영향력을 행사하고 있다고 인정되는 회사를 계열회사로 규정하고 있다. 시행령 제4조 본문의 문언으로 보나 동조 제1호의 지분율 요건이 갖는 다분히 획일적인 성격을 감안할 때, 양자는 누적적 요건으로 파악하여야 하고, 종국에는 동일인이 해당 회사의 경영에 대해 실질적으로 지배적인 영향력을 행사하고 있는지 여부가 관건이 된다. 시행령 제4조 제1호의 지분율이나 제2호 각목에 열거된 회사는 동일인의 계열회사에 해당하는지를 조사할 수 있는 포착요건에 해당하는 것이고, 이들에 대해 개별적으로 여러 사정을 종합적으로 고려하여 지배적 영향력 행사 여부를 따져보아야 하는 것이다.[14]

---

13) 황태희, "대기업집단의 동일인 지정제도 개선방안", 경제법연구 제20권 제3호, 2021, 52면.
14) 서정, 앞의 글, 238면.

그런데 막상 시행령 제4조 제2호를 들여다보면 체계상 흠결이 눈에 띈다. 예컨대, 나목에 규정된 회사, 즉 동일인이 직접 또는 동일인관련자를 통해 해당 회사의 주요 의사결정이나 업무집행에 지배적인 영향력을 행사하고 있는 회사라면, 위 ②의 요건을 따로 판단할 필요가 없는 것이다. 또한 동일인이 다른 주요 주주와의 계약 등에 따라 대표이사를 임면한 회사나 임원의 절반 이상을 선임하거나 선임할 수 있는 회사라면 지분율 요건과 유사하게 ─ 기타 여러 사정을 고려하여 지배적인 영향력 행사 여부를 따질 필요 없이 ─ 일견 동일인에게 지배를 귀속시키는 것이 타당할 수 있다.

여기서 시행령 제4조 제2호의 지배력 요건을 해석함에 있어서 동일인과 동일인관련자의 관계를 확인할 필요가 있다. 동일인관련자가 언급되는 나목과 라목을 중심으로 살펴보자.

먼저, 나목은 동일인이 직접 또는 동일인관련자를 통하여 해당회사에 지배적인 영향력을 행사하고 있을 것을 요구하고 있는바, 영향력 행사의 주체는 제2호 본문의 문언상 의심의 여지없이 '동일인'이고, 이때 동일인관련자는 동일인이 영향력을 행사하기 위한 도구이자 매개체에 불과하다. 그렇기 때문에 일견 동일인관련자가 영향력을 행사하는 외관이 존재하는 경우에도 동일인에게 지배의 귀속이 이루어지는 것이다. 따라서 나목 여부가 다투어지는 경우에는 결국 동일인과 동일인관련자 중에서 누가 해당 회사의 경영에 직접적·계속적으로 관여하거나 지시하는 등 지배력을 행사하였는지를 구체적·개별적으로 판단하지 않으면 안 된다.[15)

이어서 라목은 동일인 또는 동일인관련자와 해당 회사 간에 통상적인 범위를 초과하여 자급·자산·상품·용역 등의 거래가 있는 회사를 규정하고 있는바, 이때 동일인관련자는 문언상 나목과는 달리 동일인의 지배수단이나 매개체로 상정되지 않고 있다. 해당 회사가 동일인관련자와 통상적인 범위를 초과하여 거래하고 있다면 일응 동일인관련자 본인이 지배하는 계열회사일 가능성이 크고, 그럼에도 불구하고 다른 자가 동일인이 될 가능성이 있어 보인다면 추가로 그 자가 해당 회사의 경영에 지배적인 영향력을 행사하고 있는지 여부를 따져보아야 하는 것이다. 이처럼 일견 동일인관련자가 어떤 회사와 상당한 범위로 거래하고 있

---

15) 서울고법 2018.8.22. 선고 2016누60173 판결; 대법원 2019.1.17. 선고 2018두57766 판결(심리불속행기각),

다는 이유만으로 오히려 아무런 거래관계도 없는 자를 동일인으로 추단하는 것
은 다음과 같은 이유에서 타당하지 않다.

첫째, 기업실무상 동일인관련자에 해당하는 혈족이나 인척, 계열회사 등이 다
른 특정 회사와 통상적인 범위를 초과하여 상품 등을 거래하는 데에는 여러 가지
이유가 있을 수 있으며, 통상적인 범위를 초과하는지를 판단하기란 지극히 어렵
고 공정거래위원회가 제시하는 일응의 기준조차 존재하지 않는다. 그런데 라목은
다양한 맥락에서 상당한 범위의 거래가 이루어진다는 이유만으로 - 짐작건대
지원성 거래를 염두에 두고 - 동일인관련자와 해당 회사 사이에 특수관계가 존
재한다고 추단하는 것인데, 그러한 추단을 뒷받침할 이론적 근거나 경험칙은 존
재하지 않는다.

둘째, 동일인관련자와 해당 회사 사이에 특수한 관계가 추론된다고 가정하더
라도, 그로부터 당연히 동일인이 해당 회사를 지배한다는 결론은 도출될 수 없
다. 통상적인 범위를 초과하는 거래인지 여부에 관한 한 동일인 및 동일인관련자
의 거래규모를 합산하는 것도 아니고, 해당 거래를 통한 이익이 동일인에게 귀속
된다는 것도 아니다. 즉, 동일인이 동일인관련자로 하여금 해당 회사와 통상적인
범위를 초과한 거래를 하도록 지시 또는 관여하지 않은 한, 또는 해당 거래를 통
한 이익이 대부분 동일인에게 귀속되지 않는 한 해당 거래로부터 동일인의 해당
회사에 대한 지배적인 영향력을 추론할 수는 없는 것이다.

(3) 친족독립경영회사의 계열제외 가능성

공정거래위원회는 동일인이 사실상 지배하지 않는 회사라면 설사 지정된 후
라도 친족독립경영회사로서 기업집단으로부터 제외될 수 있으므로(령 제5조 제1
항 제2호), 지분율이나 지배력 요건을 엄격하게 해석할 필요가 없다는 입장을 가
질 수도 있다. 그런데 이러한 태도는 몇 가지 점에서 타당하지 않으며, 결론적으
로 친족독립경영회사로서 계열제외될 가능성은 당초 동일인의 사실상 지배 여부
를 판단하는 단계에서 고려해서는 안 된다.

첫째, 시행령 제5조의 계열제외는 시행령 제4조의 한계를 예정하고 있다. 즉,
공정거래위원회가 제4조에 따라 동일인의 사업내용 지배를 인정한 회사를 일정
한 요건이 충족되는 경우에 다시 그 동일인이 사업내용을 지배하지 않는다고 인
정되면, 그것도 일단 계열편입이 이루어진 회사 등 이해관계자의 요청에 따라 계

열제외를 한다는 것이다. 계열제외제도의 취지는 일단 동일인의 지배를 받는 계열회사로 지정된 이후의 사정변경을 반영하기 위한 것이다. 지정절차와 지정제외절차를 서로 다른 사유의 각각 독립된 절차로 규정하고 있는 취지도 이러한 맥락에서 이해할 수 있다. 따라서 지정절차를 합리적으로 운용하기 위해서는 당초 시행령 제4조에 따른 계열 여부 판단 시 동일인의 사실상 지배 여부를 신중하게 판단하는 것이 순리이지, 일단 폭넓게 사실상 지배를 인정한 후 − 사정변경이 아니라 − 당초 지정시점에서 사실상 지배가 존재하지 않았음을 이유로 부당하게 지정된 회사에게 적극적으로 계열제외신청을 하라는 태도는 매우 부적절하다. 기왕의 공정거래위원회 실무는 동일인에게 과도한 절차상 부담을 지울 뿐만 아니라, 지나치게 공정거래위원회의 행정편의를 감안한 것으로 보인다.

둘째, 가급적 시행령 제4조의 계열편입 단계에서 동일인의 사실상 지배 여부를 신중하고 엄격하게 해석한다고 하더라도 관련 법령의 취지나 기업집단 지정제도의 실효성을 해칠 우려도 없다. 더구나 실무상 대부분의 경우에는 동일인과 동일인관련자의 지분율만으로도 해당 회사의 사실상 지배를 확실하게 인정할 수 있기 때문에, 시행령 제4조 제2호의 지배력 요건까지 종합적으로 고려해야 하는 사례는 많지 않다. 더구나 제4조의 '사실상 지배' 요건을 엄격하게 해석하는 과정에서 어떤 회사가 기업집단의 범위에서 누락되더라도 공정거래위원회는 공시대상기업집단의 계열회사로 편입할 사유가 발생한 경우에는 언제든지 해당 회사의 요청이 없더라도 직권으로 국내 계열회사로 편입할 수 있고(법 제32조 제1항), 만약 정당한 이유없이 자료제출을 거부하거나 거짓의 자료를 제출한 경우에는 편입사유가 발생한 날 등을 고려하여 일정한 날에 소급하여 국내 계열회사로 편입된 것으로 의제되기 때문이다(법 제33조, 시행령 제39조). 공정거래위원회로서는 언제든지 누락된 회사를 계열편입할 수 있는 것이다.

(4) 계열편입의제와 과잉제재의 문제

시행령 제4조에 따라 기업집단의 범위를 정하는 과정에서 생기는 과잉제재의 문제를 이해하기 위해서는 계열편입의제처분이 내려지는 맥락을 파악하여야 한다. 계열편입의제란 기업집단에서 누락된 이유가 자료제출의 거부나 거짓자료의 제출인 경우에 한하여 내려지는 처분이고, 그 결과로 동일인은 형사처벌의 대상이 된다는 점이다(법 제125조 제2호). 다시 말해서, 계열편입의제 → 자료제출 거부·거짓자료 제출 → 형사처벌의 구조인 것이다. 여기서 비롯되는 문제는 다음과 같다.

첫째, 어떤 기업집단의 동일인이 전혀 주식을 소유하지 않고 있거나 의사결정에 전혀 관여하지 않음으로써 자신의 계열회사에 해당할 수 있다는 점을 전혀 인지하지 못한 경우에도 추후 언제라도 공정거래위원회가 지분율·지배력 기준을 과도하게 넓게 해석하여 동일인의 지배를 인정하는 순간 계열편입의제처분 및 허위자료 제출 등에 따른 고발로 이어지게 된다. 특히, 지배력 기준에 따라 동일인의 사실상 지배를 판단하는 것은 종합적인 접근방법에 의지할 수밖에 없는 만큼 사실상 지배 및 계열편입 여부는 공정거래위원회의 관점이나 재량판단에 따라 달라질 수밖에 없다. 이때, 법적 평가의 차이에 따라 계열회사 여부가 달라질 수 있는 상황에서 사후에 계열편입을 의제하는 것에 그치지 않고, 자동으로 지정자료 누락이나 허위자료 제출 등이 의제되어 형사고발까지 하게 되는 것은 형사벌의 남용이자 죄형법정주의에도 부합하지 않는다.

둘째, 계열편입의제는 지정자료 제출거부나 허위자료 제출 등과 같이 동일인이 자신이 사실상 지배하는 계열회사를 기업집단 지정과정에서 누락시키는 경우에 지정제도 및 기업집단 규제 자체의 실효성을 확보하는 차원에서 행정처분으로 편입사유가 발생한 날로 소급하여 지정에 따른 각종 의무를 부과하는 제도이다. 쉽게 말해서 계열편입을 면탈하는 행위에 대응하기 위한 장치로서 일응 그 필요성을 인정할 수 있다. 문제는 동일인의 사실상 지배 여부가 명확하지 않아 동일인도 스스로 자신의 계열회사에 해당하는지를 인지하지 못하던 회사들은 해당 기업집단에 편입된 바 없으므로 당연히 친족독립경영회사로서 계열제외를 인정받기 위한 신청을 할 수도 없고, 그럼에도 불구하고 소급하여 각종 의무를 의도적으로 면탈한 것으로 간주되어 제재를 받게 된다는 점에 있다. 시행령 제4조에 따른 지분율·지배력 요건의 해석을 둘러싸고 동일인 측과 공정거래위원회 사이에 입장이 극명하게 달라질 수 있는 사안에서 그 불확실성에 따른 위험을 계열편입의제를 통하여 오로지 동일인에게 전적으로 부담시키는 태도는 부당하다.

Ⅳ. 맺는말

1. 기업집단의 범위를 정하는 일은 공정거래위원회로서는 대기업집단에 의한 경제력집중 억제시책을 위한 출발점이자, 수범자인 기업으로서는 출자규제나 사익편취 등의 규제 여하를 좌우하는 갈림길이다. 따라서 동일인의 계열회사에 대한 사실상 지배를 판단하는 기준은 가능한 한 명확해야 하고, 지정서류를 제출해야 하는 수범자로서도 충분히 예측가능한 것이어야 한다. 이 점에서 공정거래법상 지분율·지배력 요건은 규제공백이 발생하지 않는 범위에서 가급적 엄격하게 해석되어야 하며, 단순히 공정거래위원회의 행정편의를 위해서 기업집단의 범위를 일단 넓게 파악하고 기준의 불명확성에 따른 부담을 오로지 기업이나 동일인에게 지우는 기존의 실무 태도는 바람직하지 않다.

2. 동일인이 아닌 동일인관련자의 지분소유나 지배력 행사만을 근거로 해당 회사에 대한 동일인의 사실상 지배를 추단하여 계열편입을 획일적으로 인정하는 공정거래위원회의 실무는 개별 사례에서 동일인관련자의 지분소유나 지배력 행사를 동일인의 지배로 귀속시킬만한 '특별한 사정'이 없는 한 타당하지 않다. 이때, 특별한 사정이란 무엇보다 동일인이 '동일인관련자를 통하여' 해당 회사를 사실상 지배할 수 있는 사정으로서 양자의 관계적 특성을 보여주는 것이라고 할 수 있다. 특별한 사정에 관한 증명책임은 공정거래위원회가 부담하게 된다. 따라서 동일인의 지분이 전혀 없음에도 불구하고 동일인의 사실상 지배적 영향력을 인정할 만한 다른 특별한 사정이 없는 경우라면 외관상 지배지분을 직접 보유하고 있는 동일인관련자가 해당 회사를 사실상 지배하는 것으로 보는 것이 타당할 것이다. 요컨대, 동일인과 동일인관련자는 특정 회사의 지배 여부에 관한 한 상대적으로 파악하여야 한다.

3. 1986년 공정거래법 개정으로 대기업집단에 대한 규제가 도입된 지도 어언 40년이 다 되어간다. 그 사이에 우리나라의 대기업집단에도 많은 변화가 있었다. 플랫폼 대기업집단의 등장과 3세 승계의 완료 추세 외에 지정제도와 관련해서는 대기업집단의 소유·지배구조와 금융시장의 투명성이 몰라보게 높아졌다는 점을

빼놓을 수 없다. 그룹 총수가 위장계열사를 둔다는 것은 상상조차 하기 어렵다. 위장계열사를 유지하는 편익에 비해 그로 인한 형사벌 등 제재의 리스크가 너무나 크기 때문이다. 위장계열사라는 전근대적인 유물을 근거로 모든 대기업집단 총수를 잠재적 범죄자로 인식하는 현행 계열편입의제 및 그에 자동으로 연계되는 형사벌은 전면적으로 재고할 필요가 있다.

[참고문헌]

강상엽, "동일인 지정제도: 정량적 기준과 정성적 기준의 비판적 검토", 경제법연구
    제20권 제2호, 2021.

권오승·서정, 「공정거래법: 이론과 실무」, 법문사, 2022

서정, "기업집단의 동일인 확정에 관한 검토", 경쟁법연구 제43권, 2021.

신현윤·홍명수·강상엽, 대기업집단규제론, 법문사, 2021

이봉의, 공정거래법, 박영사, 2022.

황태희, "대기업집단의 동일인 지정제도 개선방안", 경제법연구 제20권 제3호, 2021.

제 3 장

대기업집단의 계열회사 판단기준

신영수

대기업집단의 계열회사 판단기준

신 영 수*

I. 쟁점의 소재와 분석의 방향

「독점규제 및 공정거래에 관한 법률」(이하, '공정거래법'이라 함)상 대기업집단 규제 관련 규정들은 한국 기업집단 특유의 지배구조 및 거래관행을 배경으로 제기되어 온 정책적 요청들에 따라 형성되어 온 특징이 있다. 타국에서 딱히 참조할 만한 입법례를 찾기 어려운 이 규제만의 독자성으로 인해, 입법자와 정책당국은 기성의 규제 요건에서 벗어나는 새로운 지배구조 및 거래관행이 발견되면 이내 편법이나 탈법으로 인해 발생할 수 있는 또 다른 경제력집중 문제에 대응하기 위한 새로운 기준들을 보충하는 한편, 자칫 규제로 인해 우려되는 부작용과 과잉의 소지를 차단하기 위한 보완작업도 함께 병행해 왔다. 이 법의 여러 규정들 가운데 대기업집단 관련 조문의 개정이 유독 빈번하고도 폭넓게 이루어져 왔던 원인은 이 규제를 둘러싼 법제만의 이 같은 연혁과 환경에서 찾을 수 있다.

공정거래법 및 동법 시행령상 기업집단의 범위 내지 계열회사의 판단기준에 관한 규정들도 마찬가지의 과정을 거쳐 현재의 구도를 형성하고 있다. 현행 법률 제2조 제11호(기업집단 정의 규정)와 동법 시행령 제4조(기업집단 범위)에 걸쳐 복잡다기하게 나열되어 있는 동일인/동일인관련자, 그리고 계열회사의 개념과 요건들은 그간 여러 차례의 개정을 통해 형식과 실질 면에서 상당한 변화를 겪으며 그 입법적 완성도를 높여 왔다. 아울러 법 제32조에서 제시된 계열회사 편입 및 제외의 기준, 그리고 시행령 제5조에서 제외시켜 놓은 기업집단 범위 역시도 규제의 범위가 불합리하게 확장되지 않도록 하려는 고려의 일환으로 이해할 수 있다.

---

* 경북대학교 법학전문대학원 교수.

이런 구도 속에 현행 법령상 기업집단 계열회사 관련 규정은 원칙과 예외, 그리고 예외의 예외가 다층적으로 제시되는 복합 구도 속에 점차 조문의 내용과 분량이 증가하는 양상을 보이고 있다. 더욱이 그 안에 적지 않게 포함되어 있는 불확정 개념이나 추상적 요건들은 관련 조문의 해석과 집행상의 쟁점들을 자주 제기하게 만들어서 집행기관이나 수범자 모두에게 이 제도의 난이도를 더욱 높여주고 있다.

주지하다시피, 현행법상 상호출자제한 기업집단이나 공시대상 기업집단의 계열회사에 해당하게 되면, 동법 제3장에서 규정하는 각종의 사전규제(출자규제, 채무보증제한, 의결권제한 등)와 더불어 거래 및 지분에 대한 각종의 공시의무가 부과된다. 또한, 계열회사 자체 및 그에 관한 자료를 누락하거나 허위로 제출할 경우에는 경고 조치로 부터 법 제125조 등에 따른 형사처벌에 이르기 까지 다양한 제재 위험도 뒤따른다. 이 점에서 기업집단 범위 또는 계열회사 포함 여부는 수범자나 집행기관에게 매우 중차대한 사안이 아닐 수 없다. 실제로 계열회사 누락으로 인해 형사고발이나 처벌이 뒤따른 사례들[1]도 적지 않게 있어 왔다.[2] 여기에 기업 활동이 복잡다기화하고 지분과 조직의 연계방식이 다양해지면서 조인트벤처나 투자조합 등과 같이 회사성 여부가 문제되는 새로운 기업 현실도 등장하였고,[3] 그에 따라 조문 해석에 관해 새로운 논점들도 대두되고 있다. 기업집단의 범위 또는 계열회사 여부와 관련된 현행 규정들을 원점에서 재분석해 보아야 할 시점이다.

이 글은 이 같은 현실과 문제의식을 토대로 공정거래법상 시행령 제4조에서 제시된 대기업집단의 범주 내지 계열회사 판단 기준의 내용과 쟁점을 분석하는

---

1) 주요 판결로는 대법원 2021. 3. 25. 선고 2016도14165 판결, 대법원 2015. 3. 26. 선고 2012두27268 판결, 서울고등법원 2018. 8. 22. 선고 2016누60173 판결, 서울고등법원 2012. 11. 15. 선고 2012누12565 판결 등을 들 수 있으며, 공정거래위원회 심결례로는 초기의 공정거래위원회 의결 제96−331호, 공정거래위원회 전원회의 2001. 4. 2. 의결 제2001−048호, 공정거래위원회 2009. 3. 11. 의결 제2009−075호를 위시하여 최근까지도 공정거래위원회 의결 제2021−037호 등 다수 사례들을 쉽게 찾아 볼 수 있다.

2) 최근 문제된 사례로는 이투데이, "'친족회사 13곳' 계열사 고의 누락…김○○ 호△건설 회장 檢고발, (2022.3.17) 기사; 조선비즈, "공정위, 박○○ △△석유화학 회장 '지정자료 누락' 검찰 고발", (2023.3.8.) 기사 등 참조

3) 이데일리, 금감원·공정위, 미래○○ 칼댄다…SPC 계열사 회피 조사, (2021.9.16.) 기사; 뉴스핌, "공정위, 미래○○ '계열사 회피' 정조준…지배구조 개선 '재시동'', (2021.9.17.) 기사; 더벨, "시행사 파트너십 구축, 증권사 에퀴티 투자 필수" (2021.6.3.) 기사 참조

한편, 조문상 추상적이거나 개념이 불분명한 논점들에 대한 해석론을 전개해 보고자 한다. 이를 위해 아래에서는 먼저 시행령 제4조 제1호와 제2호의 관계, 그리고 제2호의 본문과 각목의 관계를 규명하고, 이를 근거로 각목의 요건 및 쟁점들에 관한 나름의 해석론을 전개해 보기로 한다.

Ⅱ. 공정거래법 시행령 제4조 제1호 및 제2호의 관계

1. 시행령상 기업집단 범위 판단의 구조와 기준

(1) 법령상의 기준과 요건

현행법 체계상 기업집단의 범위 내지 계열회사 여부에 대한 판단기준은 공정거래법상 기업집단의 개념 정의 규정(법 제2조 제11호)과 동법 시행령상 기업집단의 범위에 관한 규정(시행령 제4조)을 통해 추출할 수 있다. 이들 법령상의 규정은 대기업집단 규제가 도입된 1986년부터 존재해 왔고, 그간 조문상의 요건 및 예외를 보강하기 위한 개정들이 수차례 이루어졌음은 전술한 바와 같다.

법률에 따르면 기업집단의 계열회사는 '동일인이 사실상 그 사업내용을 지배하는 회사'를 의미하고, 시행령 제4조상으로는 '동일인이 단독으로 또는 동일인 관련자와 합하여 해당 회사의 발행주식 총수의 100분의 30 이상을 소유하는 경우로서 최다출자자인 회사'(제1호)이거나 '시행령 제4조 제2호 각 목의 회사로서 동일인이 해당 회사의 경영에 대해 지배적인 영향력을 행사하고 있다고 인정되는 회사'(제2호)로 정의된다. 이 시행령 조문은 법률 규정 전체를 위임받고 있으므로, 시행령 제4조 제1호 또는 제2호에 해당하는 회사가 곧 법률상 동일인이 사실상 그 사업내용을 지배하는 회사, 즉 계열회사로 인정되는 지위에 서 있게 된다. 여기서의 사업내용은 '회사 경영상 중요사항'이나 '이사회 의결이 필요한 사항'을 의미한다는 해석론이 있다.[4]

한편, 시행령의 제1호는 정량적 기준으로서 흔히 '지분율 기준'으로 불리고, 2호는 정성적 기준으로서 '지배력 기준'으로 칭해지고 있음은 주지하는 바와 같다.[5] 다만, 법률상으로는 '동일인에 의한 사실상의 지배'만이 계열관계의 판단기

---

4) 전찬수, "동일인 관련 제도의 개선방안에 대한 연구", 「법과 기업 연구」 제12권 제1호, (2022.4.), 71면

5) 제1호는 기업집단의 범위를 정하는 기준이자 동일인관련자의 범위를 제시한 기준으로서도 중

준으로 제시되어 있으므로 시행령 제4조 1호는 '지분을 통한 지배'를, 2호는 '지분 이외의 방법을 통한 지배'를 규정한 것으로 파악하는 편이 정확한 이해일 것이다. 요컨대 대기업집단 계열회사 여부를 판단하기 위한 핵심적 지표는 곧 동일인에 의한 '지배' 여부라 할 수 있으므로, 지배의 의미를 면밀히 살펴볼 필요가 있다.

(2) 기업집단 범위에 있어서 동일인에 의한 '지배'의 의미

공정거래법에서는 '지배' 개념은 시장의 지배와 회사의 지배 등 층위를 달리하는 여러 규율 대상 행위들에서 사용된다. 먼저 시장에 대한 지배는 법에서 개념이 추출되는데, 곧 "시장지배적 사업자"에 관한 정의규정(법 제2조 제3호)으로부터 '일정한 거래분야에서 상품이나 용역의 가격, 수량, 품질, 그 밖의 거래조건을 결정·유지 또는 변경할 수 있는" 상태를 곧 시장에 대한 지배의 의미로 해석할 수 있다. 반면에 회사에 대한 지배는 법령상 여러 지점에서 사용례가 발견됨에도 그 개념을 추출할 만한 실체법상의 근거는 부재하다. 다만, 구 시행령 제15조의3[6])에서 규정하는 '지배관계'에 있어서 '지배'의 의미에 관한 대법원 판결은 찾아 볼 수 있는데 그에 따르면 "소유하고 있는 다른 회사 주식의 의결권을 행사하여 그 회사의 경영에 영향력을 행사할 수 있는" 상태를 곧 지배로 보게 된다.[7])

단, 위 판결은 주식소유를 통한 자회사 지배를 토대로 형성되는 지주회사 체제를 배경으로 한 것으로서 공정거래법상 기업집단 규제의 배경에는, 지분을 보유하지 않은 특정 자연인 등이 회사의 사업내용을 지배함으로 인해 지배구조를 왜곡하고 경제력 집중을 심화시킬 수 있다는 우려가 자리잡고 있는 것이고, 따라서 기업집단 규제에 있어서 지배의 수단이 주식을 통한 의결권 행사에만 국한되는 것은 아니라 하겠다. 현행 시행령 제4조 제2호 본문에서 기업집단의 범위에 관한 기준을 규정하면서 이 같은 판례의 정의와 상당히 유사하게 "해당 회사의 경영에 대해 지배적인 영향력을 행사"할 것을 계열회사의 요건으로 제시하고 있는 점도 이를 뒷받침 한다.

(3) 제1호와 제2호의 관계

한편, 시행령 제4조 제1호에 따른 계열회사는 동일인 등이 30% 이상의 지분

요한 의미를 지닌 규정이다.

6) 2005. 3. 31. 대통령령 제18768호로 개정되기 전의 것을 의미한다.

7) 대법원 2006. 11. 23. 선고 2004두5883 판결

을 소유한 상태에서 최다출자자의 지위에 있는 회사로서 조문상 이 요건을 충족하면 곧바로 동일인에 의한 사실상 사업내용의 지배력이 인정되는 것으로 읽힌다.[8] 따라서 지분의 소유비율 및 최다출자자 여부에 관한 객관적 지표만을 기준으로 계열회사 여부가 판단되고, 동일인이 구체적으로 해당 지분의 의결권을 행사하는지 여부나, 동일인과 동인인관련자의 의결권이 동일한 방향으로 행사될 가능성은 고려되지 않는다.[9]

이에 비해 제2호에 따른 계열회사는 현실적으로 제1호의 정량적 기준을 충족하지 않는 상황에서 동일인의 지배력 및 계열회사 여부를 가리기 위한 기준으로서 의미를 지닌다. 즉 이 규정을 둔 본래 취지는, 동일인 이외의 다른 주체에 의해서는 지배력을 인정하기 어려운 회사임에도 동일인의 지분이 없거나 미미한 수준에 그치는 회사에 대하여 동일인의 사실상 지배를 받는 계열회사로 포섭하려는데 있는 것으로 해석된다.

이 같은 상황은 그간 한국의 기업집단에서 쉽게 발견되어 왔던 지배 관행이라 할 수 있는데, 동일인 스스로는 지배적 지분을 확보하지 않은 채 동일인관련자 등을 통하여 회사에 대한 의사결정과 업무집행에 개입해 온 현실을 제도적으로 반영한 결과로 볼 수 있다. 그 점에서 제2호에는 제1호를 보충하는 성격이 내재되어 있다. 단, 정량적 기준은 객관화된 수치를 근거로 한 기준이어서 자의적 해석이 개입될 여지가 상대적으로 적은 반면에 정성적인 지배력 기준인 '회사에 대한 지배적인 영향력'은 구체성이 부족하여 수범자의 예측가능성이 떨어지고 해석상의 재량권 범위가 크다는 지적에는 주목할 필요가 있다.[10]

한편 제2호의 지배력 요건이 인정되면 제1호의 지분율 요건도 충족될 수도 있는데 이 점에서는 제2호는 제1호의 입증을 위한 수단적 요건으로서 기능하기도 한다. 예를 들어 제2호의 지배력 요건을 충족하여 계열관계가 인정되면 그 계열회사의 주식을 보유한 주주는 동일인관련자가 되는데 만일 이 주주와 동일인의 지분을 합하여 계열회사의 지분 30% 이상을 보유하게 되면 다시 1호에 따라

8) 권오승·서정, 「독점규제법」(제5판), 법문사, (2022), 536면 참조.
9) 예컨대 동일인이 주주총회에서 의결권을 행사하지 않거나 동일인과 동일인관련자 사이에 이견이 있어서 의결권을 반대로 행사하더라도 시행령 제3조의 지분율 기준을 충족하면 동일인의 사실상 지배를 받는 계열회사로 보게 된다.
10) 강상엽, "동일인 지정제도와 자기주식의 취득, 보유 및 처분", 「경쟁법연구」 제44권, (2021), 228~229면.

서도 계열관계가 성립된다. 공정거래위원회의 규제 실무에서도 계열관계의 판단 시 제1호가 충족되지 않는 경우에 먼저 제2호를 근거로 1단계의 판단한 후, 이를 토대로 다시 제1호를 적용한 2단계 판단을 행하기도 한다.

2. 제1호와 제2호의 적용에 관한 해석상 쟁점

현행 시행령상 제1호와 제2호 가운데 하나만 충족해도 동일인의 사실상 지배를 받는 기업집단 계열회사로 인정된다는 점에는 의문이 없다. 만일 제1호와 제2호를 모두 충족해야 동일인의 사실상 지배를 인정한다면 대기업집단의 범위가 극도로 축소시키는 결과가 되어 규제의 실효성을 담보할 수 없기 때문이다. 또한 제1호의 조건을 충족하는 동일인이 존재하지 않는 경우에는 제2호를 통해 계열회사로 인정해야 할 실익이 있다는 점에도 의문이 없다.

이에 비해 제1호와 제2호의 적용상 우선순위가 존재하는지, 특히 제1호에 해당하면 제2호의 적용은 배제되는 것인지에 대해서는 해석상 논란의 소지가 있다. 즉 특정 회사의 주식소유 분포에 있어서 대주주들이 다수 존재하고 있고, 그중 제1호의 요건(30% 이상 지분＋최다출자)을 충족하는 대주주가 존재하는 경우에 제1호에 따라 대주주(대주주가 법인인 경우에는 그 소유주)를 바로 동일인으로 볼 수 있는지 아니면 제1호의 최대주주의 존재에도 불구하고 제2호에 따라 다른 주체를 동일인으로 볼 수 있는지가 문제된다. 이에 관해서는 다음의 두 가지 해석론이 가능하다.

먼저. 제1호의 정량적 요건 중심의 법 집행 기조로서 제1호 소정의 요건이 충족되는 상황에서는 제2호 충족 여부는 따질 필요 없이 제1호에 해당하는 주주(30% 이상 지분＋최다출자)가 동일인의 지위를 갖게 된다고 보고, 따라서 그가 주식을 보유한 회사는 그 기업집단 소속 계열회사가 되는 것으로 해석할 수 있다(해석론 1). 학계에서도 같은 취지의 해석론이 발견되며,[11] 현행 규정의 외형도 이에 가까운 것으로 보인다.

반면에. 제1호의 정량적 요건이 충족되더라도 제2호의 정성적 요건과 종합적으로 고려하여 제1호가 아닌 제2호에 따라 동일인 및 그 기업집단의 범위를 정할 수 있다는 해석도 가능하다(해석론 2). 시행령 제4조 본문이 적용상 우선순위

---

11) 강상엽, "동일인 지정제도: 정량적 기준과 정성적 기준의 비판적 검토", 「경제법연구」 제20권 제2호, 한국경제법학회, (2021), 211면에서도 같은 취지로 해석하고 있다.

를 언급하지 않고 "다음 각호의 회사"라고만 규정하고 있다는 점, 제1호를 우선 적용할 경우 불합리한 경우들이 발생할 수 있다는 점이 근거가 될 수 있다. 예를 들어 주주들이 친족관계에 있는 등 통일적 의결권 행사가 가능하고 그 지분의 합이 30%를 넘어선다면 30%의 최다출자 지분만으로 사실상의 지배가 어려운 경우가 있을 수 있다. 단, 이런 경우에는 제2호에 따라 2~3대 주주들이 동일인/동일인관련자가 될 수 있을 것이다. 또한 동일인관련자가 특정 회사 지분을 보유한 반면에 해당 회사가 동일인과는 사실상 아무런 관련성이 없는 경우에도 그 회사가 동일인 지배 기업집단 소속 회사로 의제됨으로써 규제대상이 불필요하게 확장되는 결과가 발생한다. 단, 이 문제에 관한 학계의 논의가 풍부하지 않은 현 시점에서는 이 같은 해석론을 명시적으로 밝힌 문헌은 발견되지 않는다.

3. 정리 및 소결

(1) 제1호와 제2호의 관계에 관한 해석 방향

해석론 1에는 기업집단 범위에 관하여 투명성과 예측가능성을 높일 수 있다는 장점이, 해석론 2에는 현실을 반영하여 규제의 실효성을 도모할 수 있다는 장점이 있다. 회사제도는 원칙상 보유 지분을 토대로 지배하는 시스템이므로 회사에 대한 지배력의 귀속이나 정도는 주주의 보유 지분비율을 중심으로 판단되어야 한다는 점에 의문이 없다.[12] 그런 점에서 해석론 1에는 수긍이 되는 측면이 있다. 즉 계열회사 내지 기업집단 범위는 가급적 지분이라는 객관적이고 일관되며 예측가능한 지표를 중심으로 결정되는 것이 바람직하며, 지분율이라는 정량적 기준을 충족하지 않는 상태에서 정성적 기준을 적용하여 계열관계를 인정할 때는 보다 엄정한 평가와 판단이 요구된다고 할 것이다.[13] 다만, 해석론 1을 따를 경우에는 기업집단 규정의 해석 및 적용상 불합리한 결과들[14]이 발생할 수 있고,

---

12) 대법원도 '회사에 대한 지배'의 의미와 관련하여 "소유하고 있는 다른 회사 주식의 의결권을 행사하여 그 회사의 경영에 영향력을 행사할 수 있는" 상태로 보고 있다. 대법원 2006. 11. 23. 선고 2004두5883 판결 참조

13) 권오승·서정, 「독점규제법 – 이론과 실무」 제4판, 법문사, (2020), 502~503면.

14) 예를 들어, i) 30% 지분을 보유하고 최다출자를 하였음에도 전체 지분의 소유분포 및 구조상 2~3대 주주들이 친족관계에 있는 등 통일적 의결권 행사가 가능하고 그 지분의 합이 30%를 넘어선다면 30%의 최다출자 지분만으로 사실상의 지배가 어려운 경우가 있을 수 있다.(단, 이런 경우에는 제2호에 따라 2~3대 주주들이 동일인/동일인관련자가 될 수 있을 것이다). 또한 ii) 동일인관련자가 특정 회사 지분을 보유한 반면에 해당 회사가 동일인과는 사실상 아무런 관련성이 없는 경우에도 그 회사가 동일인 지배 기업집단 소속 회사로 의제됨으로써 규제대

그에 따라 기업집단 범위가 너무 경직적으로 정해지거나 불합리하게 확장될 우려가 있다. 더욱이 한국 특유의 기업집단 현실에서 지분 외의 요인을 통한 계열회사 지배의 관행이 존재하므로, 이를 수용하기 위해서는 정성적 기준과 그 기준의 해석에 있어서 공정위의 재량이 요구된다는 점 또한 인정된다.

그렇다면, 1호를 우선 적용하여 계열회사 여부를 검토함을 원칙으로 하되, 제1호의 30% 최다출자자가 존재하지 않는 상황에서 보충적으로 2호를 적용하거나, 30% 최다출자자가 존재하는 상황에서는 제2호 소정의 '경영에 대한 지배적인 영향력'이 있는 동일인이 별도로 존재함이 명확히 입증되는 경우에 한하여 예외적으로 계열회사로 보도록 하는 것이 합리적일 것이다. 단, 제2호의 적용에 관한 재량권 행사에 있어 신뢰보호원칙, 비례원칙, 평등원칙을 존중해야 한다는 지적[15]에는 유의할 필요가 있다.

(2) 제2호 적용시의 유의점

그런데, 제1호의 요건이 충족되지 않는 상황에서 제2호를 적용하여 계열회사로 보는 경우와, 제1호를 충족하는 상황임에도 제2호에 따라 계열회사로 보는 경우의 상황이 동일하지 않으므로, 각 경우에 동일인에 의한 '회사의 경영에 대한 동일인의 지배적 영향력'에 대한 입증의 정도 및 요구에 있어서 차이를 둘 필요가 있다. 즉 30% 이상의 최다출자자가 없는 상황에서는, 지분의 구조와 분산도, 동일인관련자의 지분 등을 감안하여 특정 기업집단 동일인이 해당 회사의 임원선임이나 업무집행과 관련한 주요 의사결정권을 갖는다는 계약적 근거나 현실적 정황을 입증하는 것으로 동일인 소속 기업집단 계열회사로 인정할 수 있다.

반면에 30% 이상의 최다출자자가 존재하는 경우에는, 최다출자자에 의한 지배적인 영향력을 제약하는 계약상 혹은 현실적인 요인이 규명되거나, 최대주주의 존재를 무시할 수 있을 만한 또 다른 '지배적 영향력'의 실체가 객관적으로 입증될 필요가 있다. 예컨대 최다출자자와 2대 주주간의 지분 격차가 크지 않다거나, 최다출자자가 채권금융기관이거나 기업회생기구 등이어서 직접 경영에 개입하지 않는 상황, 임원선임 등에 관한 최다출자자의 의사결정권이 위임된 점이 입증된다면 최다출자자 외의 자를 동일인으로 인정할 여지가 있다. 반면에, 최다출자자의 지분이 압도적인 경우, 이질적이면서도 유력한 지위에 있는 소수 주주들에 의

상이 불필요하게 확장되는 결과가 발생한다.
15) 서정, "기업집단의 동일인 확정에 대한 검토", 「경쟁법연구」 제43권, (2021), 247~248면.

해 회사가 장악되어 있는 경우, 특정주주가 지배력을 행사하지 못하도록 주주들 사이에 견제 구도가 형성되어 있는 경우에는 제2호를 근거로 하여 최다출자자 외의 특정 기업집단 동일인에 의한 지배력을 인정하기 어려울 것이다.

(3) 이제까지의 선례들

공정거래위원회 단계에서 계열회사 지정관련 허위자료 제출이 문제되었던 사례들을 살펴보면, 동일인의 주식의 보유비중이 20.8%에 불과하였지만 해당 회사의 임원이 동일인 소속 계열회사의 전직 임원이었고, 동일인 소속회사와 사옥건설 공사에 동참하였으며 내부서류도 공동으로 보관하는 등 공동운명체로 보이는 외관이 존재하는 경우,[16) 동일인관련자의 지분이 일정 정도 있는 상태에서 임원 겸임 또는 전체매출에서 절대적인 비중을 차지하는 거래가 있었던 경우,[17) 동일인은 명목상 2대 주주(22%)에 불과하지만 주주명부상 최대주주이자 당해 회사 대표이사가 회사의 운영 전반에 대한 결정권을 2대 주주 법인이 가지고 있다고 진술하였으며 실제 회사의 보수지급 업무를 2대 주주 법인의 총무팀에서 담당하고 있던 경우[18) 등 지분 여하에 관계 없이 동일인의 회사 경영에 대한 지배적 영향력이 객관적으로 인정되는 경우에 집중되어 왔다.

또한 법원 판례를 살펴보면, 68.97%의 지분을 가진 출자 법인(채권금융기관)이 존재함에도 9.74% 지분의 자연인(종전의 동일인)을 동일인으로 인정한 사례가 발견되는데, 이 사례에서는 약정상 계열 주채권은행이 해당 자연인이 추천한 자가 채권금융기관의 협조로 계열사의 대표이사로 선임될 수 있었던 점, 해당 자연인이 형식상으로는 채권금융기관의 감시 아래에 있지만 조직변경, 경영전략, 인사발령 등 주요의사결정이나 업무집행에 지배적 영향력을 행사하고 있던 점. 대주주인 채권금융기관이나 다른 계열사들도 해당 자연인이 회사의 사업내용을 사실상 지배하고 있음을 인정한 점 등 회사 경영에 대한 결정 권한 을 뒷받침하는 명확한 증거들이 존재하였다.[19)

같은 취지에서 대법원은 특정 투자자가 구 「금융투자업규정」상 주요주주에 해당하는지가 문제된 사안에 대하여 "기존 지배주주 등이 경영전략 등 주요 의

---

16) 공정거래위원회 의결 제96-331호.
17) 공정거래위원회 2002. 2. 5. 의결 제2002-042호.
18) 공정거래위원회 2009. 3. 11. 의결 제2009-075호.
19) 서울고등법원 2012. 11. 15. 선고 2012누12565 판결.

사결정이나 업무집행에 관하여 그 요구나 지시를 따르지 않으면 안 될 사실상 구
속력을 인정하기 어렵거나, 오히려 기존 지배주주 등이 지배적인 영향력을 계속
보유·행사하면서 투자자와 대립하거나 투자자의 추가 투자 등을 통한 지배 근거
확보를 견제하고 있는 상황이라면 그 해당한다고 볼 수 없다"고 판시한 바가 있
다.[20]

한편, 비교적 초기의 사례들 가운데는 동일인인 피심인 및 동일인관련자들이
전혀 지분을 보유하고 있지 않았지만 다른 계열회사를 통하여 해당회사의 임원
임면 등 인사에 개입한 점이나 높은 거래의존도를 고려하여 동사의 경영에 사실
상 지배력을 행사한 사례도 발견된다.[21] 그런데 특정 기업집단 동일인이 대상 회
사에 대하여 지배적인 영향력을 행사하더라도 지분이 전혀 없는 상태에서 단지
거래의존도만을 근거로 하여 계열회사로 의제하는 것이 타당한지에는 의문이 제
기될 수 있다.

만일 지분이 없는 상태에서 다른 회사의 경영상에 지배적인 영향력을 행사할
수 있다면, 그 행위의 공정거래법적 실체는 계열회사에 대한 동일인의 경영상 지
배적 영향력 행사가 아닌, 거래상 지위에 있는 사업자가 열위에 놓인 거래상대방
의 경영에 대하여 행하는 간섭일 수 있기 때문이다. 즉 지분 미보유 상황에서의
경영상 영향력의 원인이 공정거래법상 거래상 지위를 남용한(법 제45조 제1항 제
6호) 경영간섭(시행령 제52조 및 [별표2] 6. 마.[22])의 결과일 가능성도 배제하기 어
렵다. 동일인/동일인관련자의 지분이 없는 상황에서 거래의존도를 기반으로 경영
상 영향력 행사에 여부를 판단함에 있어서 보다 면밀하고도 입체적인 분석이 필
요한 이유이다.

아울러 회사 지분이 유력한 일부 주주들에게 비슷한 수준으로 분산되어 있거
나, 주주간 계약이나 협약이 주주들 사이에 실효적으로 작동하는 상황, 일시적인
컨소시엄 형태로 설립되어 일정 조건 충족 후 해산이 예정되어 있는 상황등 특정
주주나 그 주주가 속한 기업집단의 동일인이 스스로를 해당 회사에 대해 사실상

---

20) 대법원 2021. 3. 25. 선고 2016도14165 판결.
21) 대규모기업집단 대우 동일인의 허위자료 제출행위 건 가운데 세화산업 등 일부 회사에 대하여
    이런 경우들이 발견된다. 공정거래위원회 전원회의 2001. 4. 2. 제2001-048호 의결 등 참조
22) 6. 거래상 지위의 남용
    마. 경영간섭
    거래상대방의 임직원을 선임·해임하는 경우에 자기의 지시 또는 승인을 얻게 하거나 거래상
    대방의 생산품목·시설규모·생산량·거래내용을 제한하여 경영활동을 간섭하는 행위

의 지배력을 지닌 것으로 인식하기 어려운 상황이 있을 수 있다.

계열회사 신고 누락 및 허위자료 제출 여부를 판단함에 있어서는 계열회사로의 인식가능성 및 자진신고의 기대가능성 등을 감안하여 구성요건적 사실에 대한 확인이나 고의성의 입증이 수행되어야 할 것이다.

(4) 보론 : 외국계 기업집단의 범위 및 국외계열사의 문제

공정거래법의 조문상 계열회사의 범위는 국내 회사로만 국한되지는 않는다. 하지만 종래 공정위는 국내에 있는 외국계 기업집단의 범위는 국내 법인 중 지배구조의 최상위에 있는 법인을 동일인으로 하여 획정한다는 입장을 취해 왔다. 이에 따라 제엠(GM), 에스오일 기업집단에 대하여 소속 국내법인 가운데 지배구조의 최상단에 위치해 있는 법인을 동일인으로 하여 계열회사를 판단하였다.

반대로 동일인 법인을 사실상 지배하는 외국법인은 공정거래법상 계열회사에서 제외된다. 즉 지배구조에서 동일인보다 상위에 있는 외국법인은 동일인의 지배를 받는 법인이 해당 외국법인에 다시 출자하는 등의 특별한 사정이 없는 이상, 공정거래법상 국외 계열회사 자체에서 배제된다. 이 경우 국내 동일인 법인의 최다 출자자인 외국 법인은 동일인이 아닌 최다주주로 취급된다.[23]

한편 종전에는 국외 계열회사의 경우 공정거래법상 각종 공시의무를 적용받지 않으나, 현재는 공시의무가 부과되고 있다. 국외 계열회사에 대해 공시의무를 면제해 주었던 이유가 국외 계열회사가 특수관계인이 아니라고 보기 때문인지, 혹은 공정거래법상 대기업집단 규제의 취지를 감안하기 때문인지, 아니면 법 집행상의 현실적 한계 때문인지는 명확치 않다. 만일 두 번째의 논지대로라면 국내 경제력 집중의 억제에 있으므로 국외 계열회사가 설립된 국가의 경제력 집중은 공정거래법의 규율 대상이 아니라는 점을 근거로 들 수 있는데, 그렇다면 국외 계열회사를 통하여 국내 경제력을 집중시키는 결과를 초래하는 경우에는 국외 계열회사도 규제 대상에 포섭해야 한다는 논리가 도출된다. 하지만 이럴 경우 공시의무를 강제하는 것이 현지법상 제한되는 등 집행상의 현실적인 문제가 제기될 수 있을 것이다.

---

23) 김미리, "해외 계열회사의 공정거래법상 취급 및 규제 동향 등에 대한 소개", BFL 제78호, (2016. 7.), 95면.

Ⅲ. 시행령 제4조 제2호 본문과 각목의 관계

1. 제2호의 구조와 해석상 쟁점

시행령 제4조 제2호는 기업집단 계열회사 여부를 결정하는 중요 기준으로 활용되면서도 제1호에 비해 추상적 요건들이 다수 내재되어 있는 만큼 그 기준에 대한 법리상 쟁점의 발생 소지가 좀 더 커 보인다.

시행령상 제1호와 제2호는 본문과 각목으로 구성되는데, 그중 제1호에서는 기업집단 범위 내지 계열회사에 대한 판단기준이 본문에서 제시되어 있고, 각목에서는 주지하다시피 동일인관련자의 세부 유형을 열거하고 있어서 기업집단의 범위가 아닌 동일인관련자의 범위에 관한 근거규정으로 작용하고 있다. 이에 비하여 2호는 본문에서 "다음 각 목의 회사로서 동일인이 해당 회사의 경영에 대해 지배적인 영향력을 행사하고 있다고 인정되는 회사"로 규정한 다음, 각목에서 계열회사의 여러 유형들을 열거해 놓고 있다.

그 결과 '각목에서 열거된 회사'와 '동일인이 해당 회사의 경영에 대해 지배적인 영향력을 행사하고 있다고 인정되는 회사'의 관계가 어떠한지가 문제될 수 있다. 즉 동일한 의미의 요건을 반복한 것으로 볼 것인지 아니면 각각이 별개의 요건으로 입증되어야 하는지에 대한 해석이 갈릴 수 있다. 이에 대한 규명을 위해서는 조문의 형식과 입법기술적 특징, 공정거래법상 유사입법례를 토대로 제2호와 각목의 관계에 대한 해석론이 필요하다.

2. 입법기술적 조망

2호 본문에는 "다음 각 목의 회사"와 "동일인이 해당 회사의 경영에 대해 지배적인 영향력을 행사하고 있다고 인정되는 회사"라는 두 기준이 연결되는 지점에 '~로서'라는 매개적 표현이 등장한다. 이 자격격 조사는 둘 이상의 법적 요건들을 병렬적으로 연계하기 위한 입법기술적 용어로 여러 법령에서 빈번히 활용되고 있다. 그 용례는 공정거래법 내에서도 쉽게 발견되는데, '로서'를 앞뒤로 하여 나열된 기준들의 관계가 용처마다 일의적이지는 않다. 즉 조문에 따라서는 각기 독자적으로 입증되어야 하는 별개 요건으로서의 관계에 있기도 하고 어느 하나가 다른 하나를 반복적으로 확인해 주는 관계가 성립되기도 한다.

그렇다면 조문의 입법 취지 및 규율대상 행위의 특징을 감안한 합목적적 해석기법을 통하여 요건간의 관계를 규명해야 할 것이다. 이 경우 형식적 측면에서는 동일 취지의 인접 규정이 존재하는 경우에 이를 유력한 해석 기준으로 삼을 수 있다. 그런데 제2호에서는 같은 취지의 유사 입법례가 바로 인접하여 존재하므로 이를 활용할 필요가 있다. 즉 시행령 제4조 제1호에서 '… 발행주식총수의 100분의 30 이상을 소유하는 경우로서 최다출자자인 회사'가 제시되어 있다. 그런데 논리적으로 볼 때, 전단의 발행주식 30% 이상 소유 요건을 충족한다고 해서 당연히 최다출자자가 되는 것은 아니므로 30% 이상의 지분 소유와 최다출자자의 두 가지 사실 모두 입증되어야 제1호의 요건이 충족되는 것으로 해석되어야 함에 의문이 없다.

같은 구도로 규정되어 있는 제2호 역시도, 병렬적으로 나열되어 있는 조문 구조에도 불구하고 굳이 제2호를 제1호와 달리 해석해야 할 만한 근거를 찾을 수 없으므로 제2호에서도 앞 뒤의 요건을 독립적으로 해석하는 것이 자연스러울 것이다. 제4호 제2호에 관해 이제껏 제시된 해석론[24]들이 양 요건을 독립적으로 충족되어야 하는 관계로 파악하고 있다. 그런 점에서 제1호에서와 마찬가지로 제2호에서도 두 요건 모두 입증을 요하는 것이 입법자의 의도라고 생각된다.

3. 법리적 분석

한편 형식적 측면 외에도 법리적 측면에서 각목의 회사가 곧 동일인에 의한 지배적인 영향력을 의미한다고 보기 어려운 점들이 있다. 무엇보다 제2호 각목에서 열거된 회사들 사이에는 '동일인에 의한 지배적 영향력' 측면에서 그 의미와 정도를 같이 보기 어려운 편차들이 있으며, 그 회사들 가운데는 각목의 요건사실 충족만으로는 곧바로 동일인에 의한 지배적인 영향력이 도출되지 않는 경우들이 존재하기 때문이다.

우선 가목상 '동일인이 다른 주요 주주와의 계약 또는 합의에 따라 대표이사를 임면한 회사 또는 임원의 100분의 50 이상을 선임하거나 선임할 수 있는 회

---

24) 권오승·서정, 「독점규제법 이론과 실무」, 법문사(제4판), 2020, 502~503면; 김미리, "해외 계열회사의 공정거래법상 취급 및 규제동향 등에 대한 소개", BFL 제78호, 서울대학교 금융법센터, (2016.7.), 94~95면.

사'에는 동일인이 보유지분과 관계없이 임원선임권을 통해 회사의 의사결정이나 업무집행 등 경영에 지배적인 영향력을 행사할 수 있음을 전제하고 있다.[25] 따라서 가목의 임원선임권은 해당 회사를 계열회사로 넉넉히 인정할 수 있는 원인이 된다. 이에 대한 상세한 분석은 후술한다.

반면에 나목부터 라목의 경우는 지배력을 발생시키는 원인이라기보다는 지배력을 확보한 동일인이 회사에 대하여 행사하게 되는 결과 내지 징표에 가깝다.[26] 예를 들어, 즉 동일인이 자금거래를 하거나 채무보증을 하는 회사에 대해 동일인의 지배적 영향력이 곧바로 발생하는 것이 아니라 동일인이 지배적 영향력을 가지는 회사에 대해 자금거래나 채무보증이 쉽게 행해지는 현실을 반영한 지표로 볼 수 있다.[27]

다목의 인사교류 역시 계열관계에 있지 않은 회사들 사이에서는 발생가능성이 크지 않고 설령 인사교류를 하더라도 경제력 집중의 우려는 없는 경우가 대부분일 것이다.[28] 반면에 이미 동일인이 지배적 영향력을 행사하고 있는 계열회사들 사이에서는 임원겸임 등 인사교류는 쉽게 목격되는 현상으로서, 그로 인해 기업집단 소속 계열회사 간의 결속력과 경영상의 통일성을 강화시키는 효과가 발생한다. 즉, 가목/본문 간의 관계와 나목~라목/본문의 관계는 각각 논리적 선후관계를 달리하여 규정된 차이가 있다.

> **[참조] 시행령 제4조 제2호 가목 ~ 라목에 따른 계열회사 요건 성립의 구도**
>
> * 가목의 임원선임권 요건 충족 → 회사 경영에 대한 동일인의 지배적 영향력 발생 →

---

25) 같은 취지의 문헌으로서, 권오승·서정, 앞의 책, 502면 참조.

26) 공정거래위원회 심결에서도 이점을 인식한 판단사례를 어렵지 않게 찾아 볼 수 있다. 공정거래위원회 제9611기업1761, 9701조일0017, 9612조일1905, 9701조일0006 의결 등 참조

27) 예컨대 채무보증이 계열회사가 되는 원인이라고 본다면 채무보증으로 인해 형성되는 주채무자와 보증채무자의 견련관계를 근거로 하여 보증채무자가 주채무자의 경영에 지배적인 영향력을 행사한다는 의미가 되는데, 보증채무자가 금융기관에 채무보증을 해주었다는 이유로 주채무자가 자신의 경영을 지배당하여 보증채무자의 계열회사로 전환된다는 전제는 법리적 측면이나 기업현실에 비춰 성립되거나 추론되기 어려워 보인다.

28) 공정거래법 제9조 제2호의 임원겸임 방식의 기업결합은 인적 결합으로서 그 자체로는 흔히 발생하지 않고 주식취득과 같은 물적 결합의 후속조치로서 주로 행해지는 것과도 같은 맥락이다.

해당 회사에 계열관계가 성립
* 동일인이 지배하는 회사 → 나목~라목에서 제시한 요건 사실이 발생 → 해당 회사가
계열회사임이 확인됨

　　더욱이 가목~다목은 임원선임이나 업무집행, 인사교류 등 기업집단 내부에서
발생하는 행위를 토대로 계열관계를 인정하는 근거로 삼는 반면에, 라목은 거래
나 채무보증 등 대외적인 계약관계에 기초하여 계열관계를 추출해 내는 요건이
라는 차이가 있는데, 이 때문에 라목의 경우는 더욱이 그 자체로 계열관계를 속
단하기 어려운 점을 부인하기 어렵다.

　　각목의 요건사실이 동일인의 지배적 영향력 외의 요인에 따라 발생하는 경우
도 상정할 수 있다. 가령 기업집단 소속회사(동일인관련자)가 계열관계에 있지 않
은 거래상대방 회사에 대해 통상적인 범위를 초과하는 수준으로 대량거래를 할
수가 있는데, 각목만으로 동일인의 지배력을 인정할 경우에는 그런 회사 모두가
동일인 소속 기업집단의 계열회사로 의제되는 결과도 발생할 수 있다.

　　이점을 고려한다면, 제2호 각목만으로 곧바로 동일인에 의한 지배적 영향력
을 도출할 수는 없으며 추가로 본문 내지 나목에서 규정하는 지배적 영향력이 입
증되는 경우에 계열회사로 인정되는 것으로 해석해야 할 것으로 보인다. 유사한
맥락에서 지분율 기준이 충족하는 경우 사실상 지배력을 "추정"하는 방식을 채
택하는 것이 바람직하다는 지적도 각호가 지닌 불확정성에 대한 문제의식에 기
반한 것으로 볼 수 있다.[29] 다만, 나목의 경우는 규정 자체에서 이미 제2호 본문
과 동일한 '지배적 영향력'이 요건으로 제시되어 있으므로 굳이 다시 제2호 본문
에 대한 입증을 반복할 필요는 없을 것이다.[30]

　　환언하면, 제4조 제2호에 의한 기업집단 소속회사 여부의 판단에 있어서 2호
본문상 "각목의 회사"는 일종의 필요조건이고, 이에 더하여 "동일인이 해당 회사

---

29) 강상엽, "동일인 지정제도 재검토: "사실상 지배력"에 대한 분석을 중심으로", 한국경쟁포럼
　　2022년 7월 발제문, (2022.7.7.) 참조.
30) 이와 관련하여 제2호의 가목 내지 나목에 해당될 경우에는 그러한 사실 자체로 '당해 회사의
　　경영에 대하여 지배적인 영향력을 행사하고 있다'는 요건도 충족된다고 보는 유사 견해가 발
　　견되는데, 그에 대한 논지가 문헌상에는 명확히 나타나 있지는 않지만 위의 상황을 감안한 것
　　이라면 동일한 논리 및 결론이라 할 수 있다. 서정, "기업집단의 동일인 확정에 대한 검토",
　　「경쟁법연구」 제43권(2021), 236~239면.

의 경영에 대해 지배적인 영향력을 행사하고 있다고 인정되는 회사"라는 충분조
건이 성립되어야 계열회사로 볼 수 있을 것이다.

4. '회사 경영에 대한 지배적 영향력'의 의미

(1) 판례상의 기준

2호 본문이나 나목 후단에서 요건으로 제시한 '동일인의 지배적 영향력'이 과
연 어느 정도에 이르러야 하는지는 법령상 명확히 드러나지 않는다. 반면 타법상
유사개념에 관한 법원의 해석들은 찾아볼 수 있는데, 특히 금융관련 규범상 '지
배적인 영향력' 및 상법상 '사실상의 영향력'에 관한 판례들은 참조할 만하다.

먼저 대법원은 「금융투자업규정」[31]상 주요주주의 판단기준에 관한 최근 판
결에서 "경영전략 등 주요 의사결정이나 업무집행에 '지배적인 영향력'을 행사
한다는 것은 주주가 경영전략 등 주요 의사결정이나 업무집행에 관하여 사실상
구속력 있는 결정이나 지시를 할 수 있는 지배의 근거를 갖추고 그에 따른 지배
적인 영향력을 계속적으로 행사하는 것을 의미한다"고 판시하는 한편, "기존 지
배주주 등이 경영전략 등 주요 의사결정이나 업무집행에 관하여 그 요구나 지시
를 따르지 않으면 안 될 사실상 구속력을 인정하기 어렵거나, 오히려 기존 지배
주주 등이 지배적인 영향력을 계속 보유·행사하면서 투자자와 대립하거나 투자
자의 추가 투자 등을 통한 지배 근거 확보를 견제하고 있는 상황이라면 그 투자
자를 주요주주에 해당한다고 볼 수 없다"고 판시한 바가 있다.[32] 물론, 이 판결
의 배경이 된 「금융투자업규정」이나 구 자본시장법 시행령 제9조 제2호는 대주
주 변경승인 제도와 관련된 규정으로서 해당 판시 부분도 본질적으로는 건전한
금융질서와 금융회사의 경영건전성의 유지라는 자본시장법의 입법 목적[33]을 감
안한 것으로 보아야 하므로 이를 곧바로 대기업집단에 의한 경제력 집중 억제를
지향하는 공정거래법상 요건에 관한 해석의 전거로 삼기에는 한계가 있을 수 있
다. 다만, '건전한 금융질서의 유지'나 '경제력 집중의 억제'라는 두 법의 서로 다

---

31) 이 판결에서 문제된 구 「금융투자업규정」(2016. 6. 28. 금융위원회고시 제2016-22호로 개정
   되기 전의 것) 제1-6조는 구 자본시장법 시행령 제9조 제2호의 위임에 따라 제2호 주요주주
   의 요건 중 '금융위원회가 정하여 고시하는 주주'를 "임원(상법 제401조의2 제1항 각호의 자
   를 포함한다)인 주주로서 의결권 있는 발행주식총수의 100분의 1 이상을 소유하는 자"라고
   규정하고 있었다.
32) 대법원 2021. 3. 25. 선고 2016도14165 판결.
33) 대법원 2018. 3. 15. 선고 2017도21120 판결.

른 지향점을 감안하더라도 그 전제로서 확인되어야 하는 기업 내부의 영향력에
관한 한 이들 규범의 판단기법에는 상호간에 참조할 만한 공통지점이 존재한다
고 본다.

　이런 관점에 기초한다면, 자본시장법령상의 사실상 영향력에 관한 판결로부
터, 공정거래법상 동일인에 의한 지배적 영향력의 성립한 요건으로서 i) 동일인
이 해당 회사의 주요 의사결정이나 업무집행에 대해 구속력 있는 결정이나 지시
를 할 수 있을 것, ii) 동일인이 회사를 지배할 수 있는 근거를 갖추고 있을 것,
iii) 동일인에 의한 지배적 영향력의 행사가 계속적일 것, iv) 다른 주주 등이 지
배적인 영향력을 보유·행사하면서 동일인/동일인관련자와 대립하거나 견제하는
상황이 아닐 것 등의 지표를 추출해 볼 수 있다. 이 가운데 ii)에서 제시한 '지배
의 근거'로는 회사정관이나 주주간에 체결되는 계약, 협약 정도를 들 수 있을 것
이다.

　한편 서울고등법원은 상법상 주요주주 개념의 핵심 표지인 '사실상의 영향력'
의 의미에 관하여 "법문상 이사·집행임원·감사의 선임과 해임 등 상장회사의
주요 경영사항에 대하여 사실상의 영향력을 행사하는 주주'는 적어도 의결권 있
는 주식 10%를 소유한 주주에 상응하는 정도의 권한을 가지고 있는 자라고 해석
함이 균형에 맞는 점 등을 고려하면, 상법상 주요주주는 주요 경영사항에 대하여
지배적 영향력을 행사하는 정도는 아니더라도 자기의 의사에 부합하는 결정을
이끌어낼 수 있는 정도에는 이른 자를 의미한다"고 판시한 바가 있다.[34] 이 판결
로부터는, 정량적 지표와 정성적 지표(혹은 불확정 개념)가 동시에 요건으로 제시
된 경우에 정성적 지표를 해석하는 기준으로 정량적 지표를 활용하되 기준들간
의 균형을 도모해야 한다는 점, '지배적 영향력'은 '사실상의 영향력' 보다 높은
수준의 영향력을 의미한다는 점을 시사점으로 도출할 수 있다.

　이를 토대로 공정거래법 시행령상 동일인에 의한 지배적 영향력을 해석하자
면, 제1호 또는 제2호의 각목 가운데 '동일인의 지배적 영향력'이 사실상 내포되
어 있는 가목과의 균형 속에서 그 의미와 정도를 가늠해 볼 수 있다. 요컨대, 동
일인이 마치 30% 이상의 최다출자자 정도의 권한을 보유하거나 대표이사 또는
임원 50%를 선임할 수 있는 정도에 준하는 권한을 보유한 상태에서, 회사의 경
영에 대하여 자기의 의사대로 결정권을 행사할 수 있는 정도의 상황이라면 '지배

---

34) 서울고등법원 2016. 9. 23. 선고 2015나2046254 판결.

적 영향력'을 인정할 수 있을 것이다.

(2) 이론상의 기준

한편 이론적 측면에서는 지배적 영향력을 판단함에 있어서 고려할 수 있는 새로운 요소들이 제시되어 있어서 주목된다.[35] 이에 따르면 2대 및 3대 주주 등 주요주주의 지분율(혹은 2대 및 3대 주주와 최대주주 간 지분율 차이), 재무적 투자자 혹은 우호적 주주의 존재와 비중, 집중투표제를 채택하여 사용하는지 여부, 시차임기제를 채택하여 사용하는지 여부, 집중투표제와 시차임기제를 동시에 채택하여 사용하는지 여부, 독립적인 사외이사들이 이사회에서 차지하는 비중과 그들의 실제 영향력, 기관투자자와 개인투자자의 지분 및 의결권 보유율, 기관투자자 중 일반적으로 의결권 등 주주 행동주의를 적극적으로 행사하는 기관투자자(헤지펀드 등)와 주로 소극적으로 행사하거나 행사하지 않는 기관투자자(뮤추얼펀드 등)의 비율, 국민연금의 지분보유 규모, 상법에서 요구하는 경우 이외에도 정관상 주주총회 특별결의 조항이 중요 안건에서 적용되는지 여부, 자기주식 보유 여부와 우호적 제3자에게 양도 가능성 등을 감안한 해석론 및 입법적 보완이 필요한 것으로 지적된다.

이상을 종합해 보면, 특정인에 대한 동일인으로서의 지배적 영향력 여부를 판단하기 위해서는 회사의 정관이나 주주 간 협약상 동일인이 회사의 주요 업무에 대한 경영상 의사결정권, 업무집행권 혹은 임원선임권을 지배적으로 행사할 수 있도록 하는 근거가 존재하는지, 다른 주주들과의 사이에 긴장 또는 견제관계가 존재하는지, 동일인의 지배력이 지속적으로 이루어지는지 등이 고려되어야 할 것으로 보인다.

Ⅳ. 각목의 요건 및 쟁점 분석

1. '가목'의 요건 및 쟁점 분석

시행령 제4조 제2호의 가목에는 정량적인 지표가 제시되어 있는 반면 추가적인 평가를 필요로 하는 정성적 요소는 포함되어 있지 않다. '가목'의 요건들은 회

---

35) 강상엽, "동일인 지정제도: 정량적 기준과 정성적 기준의 비판적 검토", 「경제법연구」 제20권 제2호, (2021), 214면 참조.

사의 경영상 의사 결정과정에 동일인의 의사를 개입시킬 수 있는 수준으로의 임원 구성권 보유 가능성을 전제하고 있으므로 이를 충족하면 해당 회사의 경영에 대해 동일인이 지배적인 영향력을 행사하고 있음이 넉넉히 인정될 것이다. 따라서 동일인이 직접 회사의 주요 의사결정이나 업무집행에 영향력을 행사하는지에 대한 입증은 요구되지 않는다. 즉 '가목' 자체에 '제2호' 본문의 정성적 판단기준을 충족하는 요소들이 사실상 내포되어 있는 것이고, 따라서 가목을 충족하는 회사는 그 자체로 계열회사로 봄이 타당하다.

단, 다른 주요 주주와의 계약 또는 합의가 전제되므로 이런 계약이나 합의의 존재가 규명되지 않는 상태에서는 대표이사나 임원 50% 선임권과 이를 근거로 한 계열회사성이 인정되지 않을 것이다. 또한 동일인이 가목의 기준에 이르지 못하는 임원 선임권을 보유한 회사는 2호 본문의 지배적 영향력 여부에 대한 평가와 관계없이 '가목'의 기준상으로는 계열회사가 아닌 것으로 보게 될 것이다.

2. '나목'의 요건 및 쟁점 분석

(1) '나목'의 도입 취지와 제도적 기능

제2호 '나목'은 시행령상의 기업집단 범위 규정이 세분화되는 과정에서 1997년 도입된 규정으로서, 동일인이 지배적인 영향력을 행사하는 대상이 '통해 해당 회사의 조직변경 또는 신규사업에 대한 투자 등 주요 의사결정이나 업무집행'으로 특정되어 있는 점에 특징이 있다.

그런데 회사의 조직변경 또는 신규사업에 대한 투자 등에 관한 주요 의사결정이나 업무집행에 대한 영향력은 원칙상 대주주나 임원들이 행사하는 것이 일반적이다. 그렇다면, 만일 동일인이 최대주주의 지위에 있거나(제1호) 임원선임권을 갖는 경우(제2호 가목)에는 주요 의사결정이나 업무집행에 대한 영향력도 자연히 행사할 수 있게 되므로, 2호의 나목의 요건도 동시에 충족되는 결과가 발생할 수 있다. 이 경우 규정 간의 중복이 뒤따르게 되는데 이를 회피하기 위해서는 '나목'은 제1호나 제2호 가목에 해당하지 않는 상황을 전제로 적용할 필요가 있다. 즉 동일인이 1호에서 정하는 요건 즉, 30% 지분＋최다출자자자에 해당하지 않고, 제2호 '가목'의 요건, 즉 대표이사 또는 50% 임원 선임권도 보유하지 않은 상태에서도 직, 간접적으로 회사의 주요 의사결정이나 업무집행에 지배적인 영향력을 지속적으로 행사하고 있다면, 그 회사를 계열회사로 인정할 수 있다는 것이다.

이처럼 최다지분도 임원선임권도 보유하지 않은 주체가 회사의 의사결정이나 업무집행에 지배적인 영향력을 행사하는 상황은 일반적인 회사에서는 상정하기 어려운 일이지만, 한국의 기업집단 소속 계열회사들에서는 그간 흔히 목격되어 온 현상이기도 하였다. 동일인의 지분을 보유하지 않은 채 계열회사의 보유지분을 통해 회사의 조직변경이나 신규사업투자 등 주요 사안에 대해 의사결정권을 행사하는 경우를 예로 들 수 있다. 이 점에서 제1호나 제2호 가목처럼 회사 제도의 기본 원칙으로부터 발생하는 지배적 영향력이 아니라, 한국의 기업집단 특유의 지배구조에서 발생하는 동일인의 지배적 영향력을 인식하여, 그 영향력 하에 있는 회사를 계열회사로 포섭함으로써 기업집단으로 인한 경제력 집중을 실효적으로 포착, 억제하려는 취지를 담고 있다.

그로 인한 경제력 집중의 결과는 쉽게 예견될 수 있다. 이를테면, 동일인이 스스로 보유한 지분이나 임원선임권에 비하여 과도한 의사결정권을 가지고 조직변경이나 신규사업 투자와 같은 중대사안에 개입함으로써 회사 내부적으로는 주요 의사결정의 과정 및 결과를 왜곡시키고, 대외적으로는 무분별한 신규사업 진출 등 경제력의 일반집중을 심화시키는 한편, 동일인으로의 사익편취를 용이케 할 수 있다. 요컨대 대기업집단 규제 전반에 비춰 볼 때 나목은 동일인에 의한 경제력 집중을 효과적으로 규제하기 위하여 계열회사 범위를 확장한 대표적 규정으로 볼 수 있다.

(2) '나목'의 요건 분석

나목은 외연이 넓고 추상적인 여러 개념 요소들(조직변경, 신규사업에 대한 투자, 의사결정, 업무집행 등)을 요건으로 하여 구성된다. 그에 따라 개별 요건사실이 존재하는지를 규명한 후, 여기에 동일인이 지배적인 영향력을 행사하고 있음이 인정되면 당해 회사를 계열회사로 보게 된다. 단, 전술한 것처럼, 계열회사의 성립을 위해서는 제2호 본문의 '회사 경영에 대한 지배적인 영향력' 요건도 별도로 요구되지만, 나목의 경우에는 그 자체로 이 요건이 포함되어 있으므로 나목에 해당한다고 판단된다면 제2호 본문의 지배적인 영향력도 보유하고 있다고 인정될 것이다.

우선 조문상, 동일인이 지배적인 영향력을 행사하는 대상 행위는 회사의 의사결정이나 업무집행 가운데도 조직변경이나 신규사업 투자와 같은 '주요한' 사안

으로 국한된다. 여기서 주요하다는 것은 의사결정이나 업무집행 여하에 따라 회
사에 미치는 영향을 큰 사안을 의미하는 것으로 보이고, 따라서 동일인의 개입이
지엽적이거나 부차적인 사안, 또는 일상적인 업무에 대해 행해지는 경우는 계열
회사로 인정하기 어려울 것으로 생각된다.

한편 판례는 지배적 영향력이 인정되기 위한 요건으로서 그 영향력이 '계속적
으로' 행사되거나 사회통념상 경제적 동일체로 인정되는 회사라고 볼만큼 동일인
이 경영에 직접적, 계속적으로 관여하였음에 대한 입증을 요구하고 있다.[36] 이
같은 요건은 조문상으로는 추출되지 않지만, 법원은 기업집단 규제의 취지가 경
제력 집중의 억제에 있고, 계열회사 편입의제에 따른 각종 의무를 부여하려는 취
지를 감안하여 계속성 요건을 줄곧 제시해 오고 있다. 따라서 동일인/동일인관련
자의 업무집행 등에 대한 개입이 일시적이거나 일부 시기에 국한되는 경우, 혹은
특정 시점 이후에 업무집행에 대한 개입 주체가 변경되는 경우 등에는 동일인에
의한 지배적인 영향력의 존재를 인정받기 어려울 것이다.

한편, 대법원은 2015년의 소위 금호아시아나사건 판결에서 채권금융기관협의
회가 다수의 지분을 확보하고 있음에도 이를 동일인으로 볼 수 없는 이유를 설시
하면서 회사의 주요 의사결정에 대한 채권금융기관협의회의 승인 또는 자금관리
가 회사의 경영 차원이 아니라 경영정상화를 위한 감시의 측면에서 이루어진다
는 점을 근거로 든 바가 있다.[37] 즉 업무관여 회사의 경영을 위해서가 아니라 자
신의 채권회수를 목적으로 한 감시행위는 동일인으로서 회사업무에 대한 개입으
로 볼 수 없다는 것이다. 이 점에 비춰 보면 업무활동에 대한 개입 주체의 역할
이 대상 회사의 경영을 위한 목적이 아니고 자신의 투자이익 보전 등을 위한 경
우에도 지배적 영향력을 인정받기 어려울 것으로 보인다.

이상을 정리하면, '나목'의 적용에 있어서는 행위요건의 충족 여부에 대한 형
식적인 확인 못지않게 동일인의 지배적인 영향력 하에 있는 회사를 계열회사로
포섭함으로써 기업집단에 대한 지배력의 확장(소유집중) 및 국민경제적 비중 및
리스크 증대 효과(일반집중)를 포착하고 억제하려는 이 규제 본연의 취지를 감안
할 필요가 있다.

---

36) 대법원 2021. 3. 25. 선고 2016도14165 판결, 서울고등법원 2018. 8. 22. 선고 2016누60173 판결.
37) 대법원 2015. 3. 26. 선고 2012두27268 판결, 서울고등법원 2012. 11. 15. 선고 2012누12565
    판결.

3. '다목'의 요건 및 쟁점 분석

다목은 동일인의 지분이나 임원선임권의 존재 및 정도 이외의 요소로서 인사교류 가능여부에 주목하여 계열회사성을 판단할 수 있는 기준을 제시하고 있다. 그런데 전술한 바와 같이, 임원겸임, 복직 등의 인사교류는 계열관계에 있지 않은 회사들 사이에서는 발생가능성이 크지 않고 설령 인사교류를 하더라도 경제력 집중의 우려는 없는 경우가 대부분일 것이다. 마치 공정거래법 제9조에서 정하는 기업결합 유형 가운데, 제2호의 임원겸임 방식의 인적 결합은 그 자체로는 흔히 발생하지 않으며 주식취득과 같은 물적 결합의 후속조치로서 주로 행해지는 것과도 같은 맥락이다.

반면에 이미 동일인이 지배적 영향력을 행사하고 있는 계열회사들 사이에서는 임원겸임 등 인사교류는 쉽게 목격되는 현상으로서, 그로 인해 기업집단 소속 계열회사간의 결속력과 경영상의 통일성을 강화시키는 효과가 발생한다. 그렇다면, 계열회사 여부의 판단기준으로서 인사의 교류는 해당 회사들이 동일인의 지배하에 있게 만드는 요소라기보다는 그 회사들이 계열관계에 있음을 확인시켜주는 요소에 가깝다고 할 수 있다. 단, 인사상의 교류가 있는 회사들도 예외적으로 계열관계가 아닐 수도 있으므로 인사교류 자체를 곧바로 계열회사성을 확정하는 요소로 대입할 수는 없다.

주지하다시피 임원겸임은 시행령상 동일인의 지배를 받는 기업집단에 속하는지를 판단하기 위한 기준(시행령 제4조 제2호 다목 1))이자 법률상 규제대상 기업결합의 유형 가운데 하나로 열거되어 있다(법 제9조 제1항 제2호). 단 기업결합심사기준(공정거래위원회고시 제2021-25호)에서는 모든 임원결합이 기업결합에 해당하는 것이 아니고, 대표이사를 겸임하거나 임원의 1/3 이상을 겸임하는 경우에 비로소 두 기업들 사이에 경제적으로 단일한 지배관계의 형성을 인정받아 기업결합에 이르는 것으로 보게 된다.[38] 이 경우 결합되는 두 기업 사이에는 동일인의 지배를 받는 계열관계가 성립된다. 시행령 제4조 제2호 다목도 이런 점을 감안하면 비록 임원겸임 방식의 인사교류가 있더라도 곧바로 동일인에 의한 경영상 지배적 영향력이 인정되는 것은 아니며, 임원겸임 방식의 인사교류에 더하여 해당 회사의 경영에 대해 지배적인 영향력을 행사하고 있다고 인정될 때 비로소

---

38) 기업결합심사기준 Ⅳ. 2. 가. (1), (2).

기업집단 소속 계열회사로 인정될 수 있는 것이다.

그렇지 않고, 만일 각목의 회사가 곧 '해당 회사의 경영에 대해 지배적인 영향력을 행사하고 있다고 인정되는 회사'에 해당하는 것으로 볼 경우에는 기업결합심사기준 등 공정거래 관련 규범에서 제시되어 있는 조문의 취지나 요건에 배치되는 결과가 될 수 있음에도 주의를 요한다. 그렇다면 다목의 인사교류 사실에 대한 입증에 더하여 동일인이 그 회사의 경영에 대해 지배력을 행사하고 있는지가 추가로 규명되어야 비로소 계열회사로 보게 될 것이다. 이 점은 후술하는 라목의 경우도 마찬가지이다.

4. '라목'의 요건 및 쟁점 분석

(1) '라목'의 도입취지와 제도적 기능

'라목'에서 요건으로 제시된 자금 등의 거래나 채무보증 행위는 시행령상 계열회사의 판단기준이면서 동시에 법률상 대기업집단에 대한 대표적 사후규제와 사전규제의 대상이라는 특징이 있다. 본래 자금 등의 거래나 채무보증은 기업들이 나름의 합리적 동기에 따라 행하는 가치중립적 성격의 행위들이지만 이 두 행위가 한국의 기업집단 현실 속에서 경제력 집중을 심화시키는 대표적 수단으로 작용하게 되면서 강력한 규제의 대상이 되어 왔다. 즉 전자에 대해서는 부당지원행위(또는 사익편취)의 금지라는 사후 규제(법 제45조 제1항 제9호)가, 후자에 대해서는 계열회사 채무보증금지라는 사전 규제(법 제24조)가 강력하고도 유보없이 시행되어 오고 있다.[39] 이 가운데 동일인/동일인관련자와의 거래는 일단 그 자체로서 위법은 아니지만 상당히 유리한 조건 하에 부당하게 행해지는 경우에 한하여 사후규제의 대상이 되는데 비하여, 채무보증의 경우는 상호출자기업집단 소속 계열회사간에 감행되는 순간에 그 자체로 위법이 되므로 사전에 원천적으로 금지되는 규제 대상이라는 차이가 있다.[40] 다만, 이 같은 강력한 사전규제로 인해

---

39) 부당지원행위가 기업집단 소속회사간의 내부거래로 인해 시장의 봉쇄효과가 유발되거나 계열사간 저가매도, 고가매입 방식의 지원행위를 통해 기업집단에 의한 경제력 집중이 심화시킬 수 있다는 점, 채무보증이 계열사 부실의 동반확산이나 퇴출기업의 시장 잔류, 대출자금 분배의 왜곡 등의 폐단을 유발할 수 있다는 점이 규제의 근거가 되어 왔음은 주지하는 바와 같다.

40) 즉, 채무보증을 근거로 계열회사로 인정될 경우, 동일인 또는 동일인관련자, 해당 회사는 사전 및 사후규제의 대상이 된다. 특히 동일인은 해당회사를 계열회사로 신고하지 않은 점을 근거로 허위자료제출이나 신고누락에 따른 형사처벌의 대상이 될 수 있다. 또한 해당 회사와 채무보증의 관계에 있는 주체가 계열회사인 동일인관련자인 경우에는 해당회사와 동일인관련자

최근에는 법위반 사례가 거의 나타나지 않는 등 계열회사간 채무보증 문제는 사실상 해소된 것으로 평가되기도 한다.[41]

한편, '라목'이 신설된 1997년은 공정거래법상 부당지원행위 규제가 신설되고 채무보증 규제가 강화된 시점이었다는 점도 주목되는데, 라목에서 동일인이 사실상 사업내용을 지배하는 회사의 유형을 신설한 취지 역시 이들 경제력 집중의 원인이 되는 기업집단 지배구조와 거래관행을 규제 범위에 포함시키려 했던 일련의 입법적 조치의 일환으로 해석할 수 있다.

요컨대, 기업집단 범위의 판단기준으로 라목을 입법한 배경에는, 통상적인 상황에서는 발생하기 어려운 자금 등 거래나 채무보증이 기업집단 계열회사들 사이에 횡행해 온 현실을 인식하는 한편, 이를 기업집단 계열회사로 포섭하기 위한 단서로 활용하려는 취지가 자리잡고 있다. 단, 이 같은 자금 등의 거래 및 채무보증이 통상적인 상황에서도 흔히 일어나는 기업활동이라는 점, 이를 기준으로 계열회사로 인정되는 경우에 강력한 사전/사후규제의 대상이 된다는 점, 특히 현재는 사실상 소멸된 채무보증 행위가 계열관계성의 인정으로 인해 발생하는 결과가 될 수 있다는 점을 감안하여, 통상적인 기업활동의 일환으로 행해지는 경우와 경제력 집중을 위한 비상적 수단으로 행해지는 경우는 준별하여 접근되어야 할 것으로 생각된다.

아울러, 전술한 바와 같이, 동일인 등과 특정 회사 사이에 통상적인 범위를 초과하여 행해지는 자금·자산·상품·용역 등의 거래 또는 채무보증은 동일인이 사실상 사업내용을 지배하는 회사에서 흔히 발생할 수 있는 행위이지만, 역으로 동일인과 그런 거래나 채무보증 행위가 있는 회사라고 해서 곧바로 계열회사임을 확정하는 징표로 보기 어려운 경우가 있을 수 있으므로 계열회사의 지정을 위해서는 '회사의 경영에 대해 지배적인 영향력'에 대한 입증이 추가로 요구된다고 봐야 할 것이다.

(계열회사)는 법 제24조에 따른 채무보증 금지규정을 위반하여 계열회사간에 채무보증을 행한 것이 된다. 따라서 계열회사로 인정되는 순간 통상의 범위를 초과했는지를 따질 필요도 없이 바로 공정거래법의 위반이 문제될 것이다.

41) 2021년 공정거래백서에 따르면 2019년에 남아있던 제한대상 3개 집단(「에스케이」, 「카카오」, 「에이치디씨」)의 채무보증 금액 106억 원은 2020년에 모두 해소되었고, 「농협」기업집단의 계열회사 편입에 의해 신규 제한대상 채무보증(7억 원)이 발생하는데 그친 것으로 나타나는 등 사실상 소멸된 수준에 이르렀다. 공정거래위원회, 「2021년판 공정거래백서」, (2021.10.), 288면.

(2) '라목'의 요건 분석

라목에 해당하는 회사로 보기 위해서는 i) 동일인 또는 동일인관련자와 해당 회사 간에 자금·자산·상품·용역 등의 거래 또는 채무보증이 있을 것, 그리고 ii) 해당 거래나 채무보증이 통상적인 범위를 초과할 것의 두 가지 요건이 충족되어야 한다. 이 가운데 최근 쟁점으로 부각된 채무보증을 중심으로 두 요건을 상설(詳說)하면 아래와 같다.

1) 공정거래법상 '채무보증'의 의미

공정거래법상 규율대상이 되는 채무보증은 기업집단 소속 계열회사의 자금조달 과정에서 다른 계열회사가 그 반환채무를 보증하는 법률행위를 의미한다. 일반적으로 민사 보증은 주채무자와 보증채무자의 관계에 제한을 두지 않고 있고, 그 피보증채무도 반드시 차입금 채무, 즉 금융채무일 필요가 없으므로 상거래에서 공사 이행 채무와 같은 비금전채무, 또는 금전채무일지라도 상거래에서 발생하는 물품대금 채무 등도 보증의 대상이 될 수 있다.

이에 비해 공정거래법에서 문제삼는 채무보증은 주채무자와 보증채무자가 기업집단 소속 계열관계인 경우로 한정되며 보증대상인 채무도 원칙상 금전채무 중에서도 차입금 채무에 대한 보증, 즉 '여신과 관련된 보증'만을 금지대상으로 한다는 점에서 민법상 보증에 비해 적용범위가 매우 협소하다는 차이가 있다. 또한 채무보증의 대상이 되는 여신도 '국내금융기관의 대출 및 회사채무의 보증 또는 인수'를 뜻하므로 금융채무, 즉 차입금 채무만을 대상으로 하며, 금융기관이 매개되지 않고 기업과 기업 간에 직접 행하는 보증은 공정거래법의 적용 대상이 아니다. 이때의 채무보증은 인적 담보를 의미하므로 토지에 대한 저당권 설정과 같은 물적 담보는 해당되지 않는다.

동일한 법령에서의 용어는 법령에 다른 규정이 있는 등 특별한 사정이 없는 한 동일하게 해석·적용되어야 하므로,[42] 시행령 제4호 제2호 라목의 채무보증의 경우 이를 다른 개념으로 정의하지 않는 현 상태에서는 공정거래법상 채무보증 개념에서 벗어난 민법상의 채무보증을 라목 소정의 계열회사 판단의 기준으로 삼을 수 없는 한계가 있다.

---

42) 대법원 2006. 11. 23. 선고 2004두8583 판결

2) '통상적인 범위의 초과'에 대한 해석

한편 라목에서는 계열회사로 보기 위한 핵심 요건으로서 '거래 또는 채무보증이 통상적인 범위를 초과하여' 행해질 것을 제시하고 있다. 주지하다시피 공정거래법의 규율대상인 대기업집단(상출집단, 공시집단) 소속의 계열회사들 사이에는 부당 지원행위(예컨대 정상가격 − 실제가격의 차이가 상당한 경우) 및 채무보증(국내 금융회사로부터의 채무에 대한 지급보증)의 금지 규정의 적용을 받게 되므로 '통상적인 범위'는 일단 이 규정상 금지대상 거래나 채무보증은 아니라는 점이 전제된다. 즉, 사후규제의 대상이 되는 '자금·자산·상품·용역 등의 거래'에서의 '통상적인 범위'는 정상적인 거래조건과 실제 거래조건 사이에 차이가 있으되(판례상의 기준) 그 차이가 상당한 수준(법률상의 기준)에는 이르지 않는 영역의 어느 부분을 의미하는 것으로 볼 수 있다.

반면에 채무보증의 경우는 법률상 정의되어 있는 개념을 벗어나거나 사전규제의 대상으로 금지되는 경우가 아닌 때에 비로소 '통상적인 범위'를 논할 실익이 있을 것이다. 공정거래법상 개념에서 벗어난 채무보증은 전술한 것처럼 통상적인 범위 여하와 관계없이 계열회사의 판단기준으로 삼을 수 없고, 법상 금지되는 채무보증은 통상적인 범위가 성립될 수 없기 때문이다.

그렇다면 채무보증의 경우 통상적인 범위는 이 두 경우를 제외한 상황을 전제로 검토되어야 하는데, 여기서의 '통상적인 범위' 역시도 다분히 추상적이고 불확정적인 기준인데다 구체적인 기준이 시행령에 제시되어 있지 않아서 그 해석이 분분할 수 있다. 또한 '통상적'이라는 표현은 '정상적'이라는 표현과 함께 공정거래법상 법위반 여부의 판단기준으로 곳곳에서 사용되고 있지만 두 용어의 의미에 규범적 차이가 있는지는 명확치 않다. 그럼에도 구체적인 사례에서 '통상적인 범위'의 해석에 객관성과 일관성이 필요하다는 점에는 의문이 없다. 특히 '통상적인' 경우와 '정상적인' 경우가 관념상 인접해 있고, 정상적인 거래에 관해서는 판례들이 적지 않게 축적되어 있으므로 이를 감안하거나 종합하여 '통상적인 범위'의 일반적 의미를 규명하고 구체적 사안에 적용할 필요가 있다.

우선 대기업집단에 대한 사후 규제에서 흔히 거론되어 온 지표, 이를테면 부당지원행위나 사익편취 규제에서 지표로 활용되는 '정상' 가격 등의 기준에 따르자면, 공급에 소요되는 비용 등을 대비하여 볼 때 거래조건상 균형 및 합리성이 인정되는 수준을 '정상적인' 것으로 이해할 수 있다. 이와 관련하여 대법원은 '정상적인 거래관행'의 판단기준에 관해, 행위의 의도와 목적, 효과와 영향, 거래의 상황, 거래자의 지위의 정도 및 상대방이 받게 되는 불이익의 내용과 정도 등을 고려해야 한다고 판시한 바가 있다.[43] '통상적인 범위'의 의미나 판단기준도 공정 거래법상 정상적인 거래관행의 경우와 크게 다르지는 않을 것으로 생각되는데, 그럼에도 용어를 굳이 달리 사용한 입법자의 취지를 적극적으로 해석하자면, 설령 비용과 거래조건간에 일정정도 불균형이 존재하더라도 업계에서 일상화되어 있거나 유사사례가 존재하는 거래관행이라면 통상적인 범위로 인정될 수 있을 것이다. 그 범위의 폭은 특정 산업이나 거래분야에 따라 다르게 나타날 수 있는 데. 이와 관련해서도 경제력 집중의 억제라는 규제 본연의 취지를 감안한 합목적 적 법해석이 필요하다. 즉 업계에서 일반적, 혹은 일상적으로 통용될 수 있는 거래관행인지, 자칫 그 관행이 경제력 집중의 폐단을 유발할 수 있는 정도에 이르는지를 감안하여 통상적인 범위에의 해당 여부가 판단되어야 할 것이다.

한편 이제까지 공정거래위원회 단계에서 채무보증이 문제된 사례들[44]을 살펴보면, '통상적인 범위' 자체는 주로 자본금 대비 채무보증 금액, 매출액 대비 거래금액의 비중 등이 고려되었다. 이때 대상 회사들은 사업 수행을 영속적으로 영위하는 회사들이었다는 점, 나아가 '계열회사'인지를 판단함에 있어서도 채무보증의 정도 이외에 지분율, 계열회사와의 거래 비중, 임직원 급여 결정 여부 등 경영상 의사결정 등의 사정을 종합적으로 검토하여 경영상 지배적인 영향력 행사 여부를 판단해 온 점에는 유의해야 할 것으로 보인다.

한편 하급심 판결[45]에서는 단순히 대여 금액만을 기준으로 삼지 않고 동일인이 경영에 직접적, 계속적으로 관여한 상태에서의 거래라는 점이 입증되지 않으면 '통상적인 범위를 초과하여 동일인과 자금·자산·상품·용역 등의 거래를 하고 있는 회사'에 해당한다거나 '사회통념상 경제적 동일체로 인정되는 회사'에 해당한다고 보기 어렵다고 본 바가 있어서 제한적으로나마 참조할 필요가 있다. 특히 계열회사의 판단기준으로서 자금 등의 거래나 채무보증이 지닌 특수성, 즉 이 표지만으로 계열관계를 단정하기 어려운 점을 감안하여 다른 요인들을 복합적으

---

43) 대법원 2013. 1. 10. 선고 2011두7854 판결.
44) 대규모기업집단 「기아」 동일인의 이의신청에 대한 건(9611기업1761, 9701조일0017), 구 대규모기업집단 「대우」 동일인의 허위자료제출행위에 대한 건(2001기업0081), 구 상호출자제한기업집단 「대주건설」 동일인의 허위자료제출행위에 대한 건(2008집단4239).
45) 서울고등법원 2018. 8. 22. 선고 2016누60173 판결.

로 고려한 점은 주목할 만하다.[46)]

　이를 고려한다면, 계열회사 관련 규제의 궁극적 취지를 경제력집중의 억제에
서 찾자면, 라목의 요건으로서 '통상적인 범위를 초과'하는지의 판단에 있어서는
객관적으로 보기에 당해 자금 등의 거래나 채무보증을 통해 동일인의 지배를 받
는 경제적 동일체가 형성된다는 점을 인정할 수 있을 만큼의 정황이 입증되어야
할 것으로 사료된다.

V. 정리 및 결론

　기업집단 규제에 있어서 계열회사 여부에 대한 결정은 규제의 범위와 대상
을 정하는 의미가 있음. 또한 계열회사로의 편입은 해당 계열회사에 각종 공시
의무로부터, 출자, 의결권, 채무보증 등에 관한 규제의 대상이 된다는 의미를 갖
게 된다.

　이 점에서 기업집단 범위의 경계(境界)를 정함에 있어서는 해당 기업집단의
경제력이 국민경제 일반에 미치는 영향을 간과하는 '과소 집행'이나, 경제력 집중
과 직결되지 않는 상황까지 규제대상으로 포함시킴으로 인해 발생하는 '과다 집
행' 모두 경계(警戒)하는 신중한 접근이 필요하다. 공정거래법상 계열회사의 판단
및 인정은 시행령에서 제시한 바와 같이 사회통념상 다른 기업집단 소속회사들
과 경제적 동일체로 인정됨에 의문이 없는 객관적이고도 예측가능한 기준에 따
라 이루어질 필요가 있다.

　아울러 그간 촘촘하게 공백과 미비점들이 보완되어 온 현행 규정 내에도 규
범과 현실 간의 새로운 괴리 상황이 발생할 수 있음에 유의하여 최적집행이 이루
어져야 할 것으로 판단된다.

---

　46) 이 판결은 이후 대법원에서 심리불속행으로 기각 확정되어서(대법원 2019. 1. 17. 자 2018두
　　　57766 판결) 서울고등법원의 판시 내용을 법원의 일반적 해석기조로 치환하기에는 한계가 있
　　　으나, 자금 등의 거래나 채무보증만으로 계열관계를 단정하지 않고 다른 요인들을 복합적으로
　　　고려한 대목과 관련해서는 부분적인 시사점을 찾을 수 있다.

[참고문헌]

강상엽, "동일인 지정제도와 자기주식의 취득, 보유 및 처분", 「경쟁법연구」 제44권, (2021), 224~256면.

강상엽, "동일인 지정제도: 정량적 기준과 정성적 기준의 비판적 검토", 「경제법연구」 제20권 제2호, 한국경제법학회, (2021), 201~234면.

공정거래위원회, 「2021년판 공정거래백서」, (2021.10.).

국회의원 이용우 의원실, "미래에셋 여수경도 개발 GRD는 위장계열사 공정위 SPC를 이용한 금융계열사 우회 지원 막아야", (2021. 10. 20.) 보도자료.

김미리, "해외 계열회사의 공정거래법상 취급 및 규제동향 등에 대한 소개", BFL 제78호, 서울대학교 금융법센터, (2016.7.), 94~106면.

권오승·서정, 「독점규제법 − 이론과 실무」 (제5판), 법문사, (2022).

서정, "기업집단의 동일인 확정에 대한 검토", 「경쟁법연구」 제43권, (2021), 233~259면.

신현윤·홍명수·강상엽, 「대기업집단 규제론」, 법문사, (2021).

전찬수, "동일인 관련 제도의 개선방안에 대한 연구", 「법과 기업 연구」 제12권 제1호, (2022.4.), 67~97면.

제4장

대기업집단 지정자료 제출요청 :
절차 및 제재의 관점에서

이봉의

대기업집단 지정자료 제출요청 : 절차 및 제재의 관점에서

이 봉 의*

Ⅰ. 들어가며

1. 논의의 배경

1986년 제1차 개정된 「독점규제 및 공정거래에 관한 법률」(이하 "공정거래법")은 전통적인 경쟁법에서는 다분히 이질적인, 즉 개별 시장에서의 집중이나 거래의 불공정성과는 무관한 경제력집중 억제시책을 도입하였다. 지주회사의 설립·전환이 금지되었고, 상호출자의 금지, 출자총액의 제한, 금융·보험사의 의결권 제한 등 대기업집단의 규제틀(regulatory framework)이 바로 이때 마련되었다. 동 개정법은 우리나라에서 반세기에 걸친 재벌 중심의 경제구조에 대한 문제의식을 반영한 것으로서, 공정하고 자유로운 경쟁 외에 일반집중이나 소유집중을 망라하여 공정거래법 내지 경쟁정책의 지평을 획기적으로 넓힌 입법으로 평가되기도 한다.[1] 반면, 일본이나 이스라엘[2]을 제외하고 일반집중을 규제하는 예를 찾기 어렵고, 규제대상 대기업집단의 범위를 정하거나 일반집중을 평가할 수 있는 객관적인 기준이란 모호하다 못해 불가능에 가까우며, 일률적인 사전규제(ex ante regulation)로 인한 국민경제상의 폐해가 경제력집중 억제효과보다 클 수 있다는 등의 비판도 꾸준히 제기되었다.[3]

---

* 서울대학교 법학전문대학원 교수, 법학박사(Dr. Ius).

1) 홍명수, "독점규제법상 재벌규제의 문제점과 개선 방안", 경쟁법연구 제36권, 2017, 4-5면. 반면, 우리나라와 같이 시장집중과 일반집중을 하나의 법률로 규율하는 것이 비교법적으로 일본 외에 그 예를 찾을 수 없는 이례적인 입법례인 점은 부인할 수 없다.

2) 박상인, "이스라엘 경제력집중법의 한국 재벌개혁에 대한 함의", 한국경제포럼 제10권 제3호, 2017, 1면 이하 참조.

3) 규제의 형평성과 타법과의 체계적 정합성이라는 관점에서 문제를 제기하는 견해로는 이동원, "경제민주화 정책에 관한 새로운 접근방향", 경쟁법연구 제27권, 2013, 13면 참조.

　　그럼에도 불구하고 1986년에 마련된 대기업집단의 규제틀은 과거 정권이 바뀔 때마다 다소 부침을 겪으면서도 36년이 넘도록 한 번도 근본적인 재검토 없이 현재까지 유지되고 있다. 이를테면 지주회사 설립의 금지가 원칙적 허용과 행위제한으로 변경된 1999년의 제7차 법개정이 있었으나, 우리나라에서는 지주회사가 해방 이후 기업집단의 '형성' 과정에서 중추적인 역할을 수행하지 않았다는 점에서 동 개정법은 향후 지주회사 중심으로 대기업집단의 지배구조 개편을 유도하려는 정부의 의도를 반영한 것일 뿐, 종전의 규제 패러다임(regulatory paradigm)에 근본적인 전환이 있었다고 보기는 어렵다. 최근 경제력집중을 바라보는 공정거래위원회의 초점이 일반집중에서 소유집중 내지 그룹의 지배구조로,[4] 사전규제에서 부당지원행위 등의 사후규제로 옮아가는 모습이 나타나고 있으나,[5] 필자가 보기에 우리나라에서 경제력집중의 억제는 현실과 괴리된 정치이데올로기로 변질된 지 오래이다. 21세기 대한민국에 걸맞는 대기업집단 규제틀의 변화를 모색한다는 취지에서 필자는 현재의 규제틀을 '1986년 체제'라 부르기로 한다.

　　그런데 공정거래법상 일정한 대기업집단, 보다 정확하게는 소속 계열회사에 각종 사전·사후규제를 적용하기 위해서는 먼저 동일인을 특정하여 지정하고, 이어서 동일인이 사실상 지배하는 회사의 범위를 획정한 후, 소속 국내계열회사의 자산총액을 합산하여 공시대상기업집단 또는 상호출자제한기업집단(이하 "대기업집단" 또는 "공시대상기업집단 등")으로 지정하는 절차가 선행되어야 한다(법 제31조). 최근에는 기업집단 「쿠팡」의 동일인 지정을 둘러싸고 외국계 한국인을 동일인으로 볼 수 있는지가 다투어졌고,[6] 근본적으로 공정거래법상 동일인을 판단하는 기준 자체가 모호하거나 불합리하다는 지적도 이어지고 있다. 이러한 지적에 대응하여 공정거래위원회는 최근 「동일인 판단기준 및 확인절차에 관한 지침」(이하 "동일인 지침")을 마련한 바 있으며, 아래 논의상 필요한 부분에서 일부 다루기로 한다.

---

4) 대기업집단의 지배구조 문제는 경제력집중(일반집중)과는 다른 차원의 것이라는 지적으로 신광식, "공정거래법 운용성과와 향후 정책방향", 경제법연구 제5권 제1호, 2006, 76면.

5) 이황, "공정거래법상 경제력집중 억제시책과 일반집중의 문제", 법학연구 제31권 제1호, 연세대학교 법학연구원, 2021, 241면 이하.

6) 기업집단 「OCI」의 경우 미국 국적보유자임에도 동일인으로 지정된 바 있고, 기업집단 「롯데」의 경우에도 동일인 3세가 일본국적을 보유하고 있어서 향후 논란이 잠재되어 있다고 볼 수 있다. 이와 관련한 시행령 개정은 아직 이루어지지 않고 있다.

최근 몇 년간 공정거래위원회는 대기업집단의 동일인 총수가 공시대상기업집단 등의 지정을 위한 자료(이하 "지정자료")를 제출하면서 친족회사 등 일부 계열회사 등을 누락한 사실을 들어 공정거래법 제31조 제4항(구법 제14조 제4항) 위반을 문제 삼고 있다. 더구나 공정거래위원회가 절차규정 위반에 해당하는 지정자료 누락에 대해서 공정거래법상 가장 무거운 제재라고 볼 수 있는 형사고발을 의결하는 경우가 잦아지고 있다. 이 글은 지정자료 제출절차 및 제재를 합리화하기 위한 방안을 모색하려는 취지에서 작성되었으며, 보다 근본적인 문제라고 볼 수 있는 경제력집중 억제라는 정책목표의 타당성 여부는 다루지 않는다.

2. 문제제기 및 논문의 구성

대기업집단의 지정을 위한 기준 및 절차는 경제력집중 억제시책의 제도적 출발점이다. 지정의 기준과 절차가 잘못되었을 경우에 해당 기업집단에 대한 공정거래법상 각종 사전·사후규제는 실체적 정당성(substantive legitimacy)을 의심받을 뿐만 아니라 경제력집중 억제시책에 걸맞는 규제의 실효성도 담보하기 어렵다. 그런데 현행법상 지정절차 및 제재는 무엇보다 다음과 같은 문제를 안고 있다.

첫째, 공시대상기업집단 등을 지정하기 위하여 공정거래위원회는 해당 기업집단에 속하는 회사나 해당 회사의 특수관계인에게 자료제출을 요청할 수 있는바, 특수관계인 특히 동일인관련자의 범위가 매우 넓고,[7] 법문상으로는 이들 중 누구에게나 자료제출을 요청할 수 있어서 동일인에게만 자료제출의무를 부과하는 공정거래위원회의 실무와도 맞지 않는다. 더구나 법령상 자료제출 요청을 받을 기업집단의 요건에 대해서는 아무런 언급조차 없기 때문에 공정거래위원회는 자산총액 5조원에 현저히 미치지 못하는 기업집단에 대해서도 아무런 법적 근거 없이 임의로 특정 기업집단의 동일인으로 보이는 자에게 지정자료의 제출을 요

---

7) 이러한 지적에 대응하여 동일인관련자의 범위를 축소하는 내용으로 2022년 12월에 시행령이 개정된 바 있다. 그에 따라 동일인관련자가 되는 친족의 범위가 축소 조정되었는데(제4조 제1항 제1호 가목), 종래 '6촌 이내의 혈족 및 4촌 이내의 인척'을 '4촌 이내의 혈족 및 3촌 이내의 인척'과 '동일인이 지배하는 국내 회사 발행주식총수의 100분의 1 이상을 소유하고 있는 5촌·6촌인 혈족 및 4촌인 인척'으로 축소하였고, 나아가 친족의 범위에 '동일인이 「민법」에 따라 인지한 혼인 외 출생자의 생부나 생모'를 추가하였다. 전체적으로 동일인관련자의 범위가 소폭 감소한 반면, 사생활 침해의 소지가 큰 혼외자의 생부나 생모가 추가됨으로써 종래 제기된 각종 문제를 해소하기에는 턱없이 미흡한 것으로 보인다.

청할 수 있게 되어 있다.[8] 아울러 최근 제정된 「동일인 지침」은 동일인의 확인을
위한 협의[9]를 진행할 기업집단을 다음과 같이 세 가지로 열거하고 있다.

① 기존 공시대상 기업집단 중 동일인이 자연인인 기업집단
② 공시대상 기업집단으로 신규 지정이 예상되는 기업집단
③ 기업집단이 동일인 변경의사를 표명하거나 공정거래위원회가 동일인 변경 검
   토 필요성이 있다고 판단한 기업집단

    물론 '협의대상 기업집단'과 '자료제출 요청대상 기업집단'은 서로 그 개념을
달리하나, 실무상 동일인 확인과정에서 협의할 기업집단이란 곧이어 확인된 동일
인에게 자료제출 요청을 예정하고 있는 것이어서 양자는 사실상 동일한 의미로
이해해도 무방할 것이다. 그런데 「동일인 지침」은 신규지정이 예상되는 기업집
단인지를 판단할 수 있는 객관적인 기준을 전혀 제시하지 않고 있어서, 향후에도
종전의 실무관행이 계속될 공산이 커 보인다. 그렇다면 여전히 실무상 자산총액
5조 원에 현저히 미달하는 기업집단의 경우에도 추후 해당 기업집단이 성장하여
공시대상기업집단으로 지정된 이후에 예기치 않게 과거의 지정자료 누락이 문제
될 수 있는바,[10] 이러한 실무는 규제의 예측가능성이라는 측면에서 문제를 안고
있는 것이다.
    둘째, 공정거래위원회가 지정을 위해 요청하는 자료의 범위가 넓고 모호하여,
요청을 받은 동일인이 아무리 충분한 주의를 기울이더라도 현실적으로 완벽한
자료를 제출한다는 것은 거의 불가능에 가깝다. 무엇보다 동일인관련자의 범위가

---

8) 실무상 공정거래위원회는 특정 기업집단의 지배구조 상 최상단에 있는 회사의 최대주주와 대
   표이사를 확인한 후 이들을 대상으로 동일인을 정하여 해당 동일인에게 자료제출을 요청하고
   있다. 공정거래위원회는 2021년부터 이른바 '동일인 확인절차'를 운영하고 있으나, 아무런 법
   적 근거 없는 임의절차라는 점에서 입법적 개선을 요한다.
9) 「동일인 지침」상 협의를 구체적으로 해당 기업집단의 누구와 진행할 것인지도 명확하지 않다.
   아울러 이때의 협의는 법적 근거가 전혀 없는 것이어서, 해당 기업집단 차원에서 협의를 거부
   하더라도 공정거래위원회가 직권으로 동일인을 판단하여 통지할 수 있을 뿐 별도의 제재도
   부과할 수 없다.
10) 이와 같은 사유로 동일인이 고발당한 사례로는 네이버 사건을 들 수 있다. 공정거래위원회 의
    결(약) 제2023-004호, 2023.1.17. "이해진(상호출자제한기업집단 네이버의 동일인)의 지정자
    료 허위제출행위에 대한 건" 및 2020.2.14.일자 보도자료 참조. 이후 검찰은 지정자료 허위 제
    출에 대한 동일인의 고의를 인정하기 어렵다는 판단 하에 이해진에 대하여 무혐의처분을 내
    렸다.

매우 넓고, 동일인·동일인관련자의 사실상 지배를 판단하는 기준이 모호하기 때문이다. 즉, 지정자료에는 동일인이 사실상 지배하는 회사가 모두 기재되어야 하는데, 자신 또는 배우자가 직접 지분을 보유하고 있는 회사 외에 4촌 이내의 혈족이나 3촌 이내의 인척 등이 지배하고 있는 회사, 나아가 계열회사 또는 계열회사가 설립한 비영리법인의 임원이 보유한 회사를 모두 소속 계열회사로 신고하여야 하므로, 이들 중에서 어느 하나라도 누락되는 경우에는 자동적으로 지정자료 미제출이 발생하게 되어 동일인 총수가 자칫 형사처벌의 위험에 노출되는 것이다. 항간에 "계열회사 임원이 소유한 회사도 회장님 것"이라거나 "한 번도 본적 없는 친척 때문에 감옥간다"는 말이 나오는 이유이다.

셋째, 자료제출 거부나 허위자료 제출이 인정되더라도 그러한 행위는 절차상 의무위반으로서 그 성질상 질서위반행위에 해당한다. 그런데 공정거래법은 지정자료의 누락 등에 대하여 그 사유나 법위반의 정도를 묻지 않고 오로지 형사벌만을 규정하고 있다. 나아가 현실적으로 동일인이 친인척으로부터 제출받은 자료의 진위(眞僞) 여부를 확인하기도 어려운 상황에서 공정거래위원회는 자료누락 등에 정당한 이유를 여간해선 인정하지 않고 있으며, 형사벌에 요구되는 '고의'를 단순히 동일인의 인식가능성을 중심으로 폭넓게 인정하고 있어서 쉽게 형사고발로 이어지고 있다. 여기서 보다 근본적인 법적 쟁점은 공정거래위원회의 다분히 임의적인 자료제출 요청으로 인하여 그 요청을 받은 동일인에게 완벽에 가까운 자료제출의무가 발생하는지 여부이다.

이러한 일련의 문제와 관련하여 그간 국내에서는 논의가 전혀 없었고, 그 결과 참고할 만한 문헌도 전무한 상황이며, 외국의 입법례도 존재하지 않는다. 이러한 배경 하에 이 글은 먼저 공정거래법상 대기업집단 지정절차와 관련된 내용, 특히 자료제출 요청제도의 취지와 요청대상 기업집단의 범위, 요청대상자 등에 관하여 자세히 살펴본다(Ⅱ). 그리고 대기업집단 지정절차와 자료의 누락 등에 대한 제재 상의 쟁점을 차례대로 따져보고자 한다. 특히, 공정거래법 제31조 제4항으로부터 동일인의 자료제출의무, 특히 완벽한 자료제출의무가 도출될 수 없다는 점을 밝히고, 설사 그러한 의무를 전제로 하더라도 제출자료의 누락이나 거짓자료 제출에 대한 기계적 처벌이 여타 자료제출 요청·명령 위반에 대한 제재에 비추어 형평을 잃게 된다는 점을 보이고자 한다(Ⅲ). 끝으로 지정절차 및 제재의 적정성을 담보하기 위하여 법 제31조 제4항 및 제125조 제2호에 관한 입법론을 제시하면서 이 글을 마치고자 한다(Ⅳ).

Ⅱ. 대기업집단 지정절차와 '자료제출요청'

1. 대기업집단 지정의 의의

공정거래법상 대기업집단에 대한 규제는 기업집단의 개념 및 계열회사의 범위 획정으로부터 시작된다. 그 핵심에 동일인 확인이 있음은 물론이다. 즉, 기업집단이란 '동일인'이 사실상 그 사업내용을 지배하는 회사의 집단으로서(법 제2조 제11호), 공정거래법은 그중에서 국내계열회사의 자산총액이 5조 원 이상인 공시대상기업집단을 지정하고, 그중에서 다시 자산총액이 국내총생산액의 0.5%에 해당하는 금액 이상인 기업집단을 상호출자제한기업집단으로 지정하도록 하고 있다(법 제31조 제1항, 령 제38조 제1항). 이때, 경제력집중 억제시책의 실효성을 제고하는 동시에 수범자의 예측가능성을 담보하기 위하여 공정거래위원회는 매년 지정된 기업집단에 속하는 국내계열회사와 그 회사를 지배하는 동일인의 특수관계인인 공익법인에게 지정사실을 통지하여야 한다(법 제31조 제1항). 지정처분은 통지받는 계열회사의 입장에서 상호출자제한이나 순환출자금지, 다른 계열회사와의 채무보증금지 등 불이익을 받게 된다는 점에서 전형적인 불이익처분이고, 법 제99조에 따라 서울고등법원에 불복의 소를 제기할 수 있다.

이와 같은 대기업집단 지정의 요체는 바로 경제력집중 내지 일반집중의 우려가 상당하다고 판단되는 소수의 기업집단을 특정하는 것이고,[11] 이를 위해서 기술적으로 자산총액을 합산할 국내계열회사의 범위를 특정하는 데에 있다. 이때, 과도한 경제력집중 여부를 확인하고 이를 적절히 해소하기 위해서는 동일인이 사실상 지배하는 계열회사만으로 기업집단을 정확하게 획정하는 작업이 선결되어야 하는 것이다. 대기업집단 지정이나 계열회사의 편입이 잘못될 경우에는 소속 계열회사에 대한 각종 규제가 실체적 정당성을 가질 수 없게 된다는 점에서 계열관계의 실질적 판단은 매우 중요한 의미를 갖는다. 그런데 계열관계를 판단하기 위하여 필요한 자료는 대부분 동일인이나 그의 특수관계인(특히, 소속 계열회사)이 보유하고 있으므로, 공정거래위원회로서는 지정자료 제출요청이라는 제

---

11) 이황, 앞의 글, 242면.

도적 장치가 요구되는 것이다.

그에 따라 공정거래위원회는 공시대상기업집단 등을 지정하기 위하여 회사 또는 당해 회사의 특수관계인에 대하여 필요한 자료의 제출을 요청할 수 있는데, 2017년 개정법은 구체적으로 회사의 일반현황, 회사의 주주 및 임원구성, 특수관계인 현황, 주식소유 현황 등 대통령령으로 정하는 자료의 제출을 요청할 수 있도록 규정하고 있다(법 제31조 제4항). 이때, 자료제출을 거부하거나 허위자료를 제출한 자에 대하여 벌칙이 규정되어 있다는 점에서 요청을 받은 자에게는 일견 사실에 부합하는 자료를 제출할 의무가 부과되어 있다고 볼 수 있다. 다만, 사실에 부합하는 자료를 액면그대로 해석하여 '사실에 100% 부합하는 모든 자료'를 제출하지 않는 이상, 자료제출거부나 허위자료 제출 또는 지정자료 누락이라는 이유로 동일인이 언제든지 형사처벌에 노출될 수 있다는 점이 바로 문제의 핵심이다.

2. 대기업집단 지정절차와 법치행정의 원리

공정거래법은 공시대상 및 상호출자제한기업집단으로 지정된 기업집단, 보다 정확하게는 동 기업집단에 속하는 계열회사나 지주회사, 공익법인 등에 한하여 일정한 공시의무를 비롯하여 상호출자와 순환출자의 금지, 계열회사에 대한 채무보증의 금지, 금융·보험회사 및 공익법인의 의결권 제한 등의 사전규제를 두고 있고, 공시대상기업집단에 대해서는 특수관계인(자연인에 한함)에 대한 부당한 이익제공 금지라는 사후규제를 추가로 규정하고 있다(법 제47조 제1항). 규제에 관한 예측가능성 및 법적 안정성을 확보하기 위하여 각종 사전·사후규제의 적용시점 또한 계열회사 등이 공정거래위원회로부터 지정통지 또는 법 제32조 제4항에 따른 편입통지를 받은 날부터 적용하는 것으로 되어 있다(법 제31조 제1항, 제2항).

반면, 공정거래법은 지정되지 않은 기업집단, 그 계열회사나 동일인에 대해서는 당연히 아무런 의무를 규정하지 않고 있다. 동법이 기업집단의 절대적 규모, 그 중에서 국내계열회사의 자산총액 합계를 기준으로 경제력집중을 억제하고 있는 이상, 자산총액 5조원이나 국내총생산액의 0.5%는 공정거래법상 규제의 적용대상을 가르는 유일한 기준으로 작용하고 있는 것이다.

여기서는 한 가지만을 지적하고 넘어가기로 한다. 즉, 기왕에 지정되어 왔던

기업집단으로서는 전례에 비추어 1년 사이에 발생한 계열회사의 변경사항만을
지정자료에 적절히 반영하여 제출하면 족할 수 있으나, 아직까지 정식으로 지정
된 적이 없는 기업집단으로서는 하나부터 열까지 지정관련 모든 절차가 생소하
고, 과연 어떤 자료를 어디까지 제출하여야 하는지가 매우 불확실하다는 점이다.
현재도 자산총액이 5조 원에 미달하는 기업집단으로서는 자칫 훗날에 계열회사
누락을 이유로 동일인 총수가 고발될 수 있다는 우려 때문에 법적 근거조차 모호
한 공정거래위원회의 자료제출요청에 어쩔 수 없이 응하고 있는 것이 현실이다.
법치행정의 원리에 심히 반하는 실무관행으로 볼 수밖에 없다. 지정 이전에 발생
한 자료 미제출에 대해서는 달리 면탈의 의도가 없는 한 사후에 처벌하지 않도록
하는 입법적 개선이 필요한 부분이다.

　그밖에 대기업집단 지정에 필요한 세부사항에 관하여 공정거래위원회가 고시
하도록 규정하고 있으나(령 제38조 제8항), 지금껏 아무런 고시도 제정된 바 없
다. 지정자료의 범위와 관련해서도 대통령령은 법 제31조 제4항에 예시된 것 외
에는 회생절차·관리절차가 진행 중인 소속회사 현황과 감사보고서만을 추가하
고 있으며(령 제38조 제7항 각호), 동항 제7호에서 공정거래위원회가 고시하는 자
료를 규정하고 있으나 해당 고시 또한 제정된 바 없다. 기업집단 관련 자료제출
의무 위반행위에 대하여 고발 여부를 판단하기 위한 지침[12]이 전부이다. 아울러
공정거래위원회의 실무상 '동일인 지정'이라는 표현을 쓰고 있으나, 동일인 지정
을 위한 법적 근거나 동일인 지정절차 등이 법령에 규정되어 있지 않은 것도 법
치행정의 원리에 반하는 근본적인 문제임은 두말할 나위가 없다. 「동일인 지침」
또한 법적 근거가 없다는 점에서 그 한계 또한 분명해 보인다.

　이처럼 공정거래법상 대기업집단의 지정은 경제력집중 억제시책을 위한 출발
임에도 불구하고, 구체적으로 누가 어떤 자료를 어디까지 제출할 의무를 부담하
는지부터가 모호한 상태이고, 이러한 규제상의 흠결 내지 불확실성은 무엇보다
공정거래위원회의 편의주의적 행정과 관련 고시의 미제정 등에서 비롯된다. 이처
럼 법치행정이 간과되는 상황에서 총수 1인에게 모든 자료를 수합해서 제출할
의무를 부과하고 누락 시에는 오롯이 형사책임을 부과시키는 공정거래위원회의
'관행'이 존재할 뿐이다.

---

12) 공정거래위원회 예규 제354호, 2020.9.20. 제정 "기업집단 관련 신고 및 자료제출의무 위반행
　　위에 대한 고발지침".

Ⅲ. 대기업집단 지정절차의 주요 쟁점

1. 자료제출 요청의 상대방

(1) 동일인

공정거래법상 기업집단의 범위를 정하기 위해서는 먼저 동일인이 정해져야 하며, 동일인은 기업집단의 가장 핵심적인 개념요소이다(법 제2조 제11호 참조). 이때, 동일인은 회사가 될 수도 있고[13] 자연인이 될 수도 있는바, 「동일인 지침」에 따르면 동일인은 원칙적으로 자연인이고, 적절한 자연인이 존재하지 않는다고 판단되는 경우에 비로소 회사 또는 비영리법인이 동일인이 될 수 있다(동 지침 Ⅱ. 1.).[14] 어느 경우에나 동일인을 정한 연후에야 비로소 그가 사실상 지배하고 있는 회사에 해당되는지 여부를 가려서 계열관계의 유무를 판단할 수 있기 때문이다. 그런데 어떤 기업집단의 소속회사들을 사실상 지배하는 자가 누구인지는 해당 기업집단 지배구조의 정점에 있는 동일인이 가장 정확하게 알 수 있을 것이다. 현재 공정거래위원회의 실무상 동일인의 '사실상 지배' 여부가 매우 광범위한 동일인관련자의 지분율 등에 따라 기계적으로 간주됨에 따라 실제로 동일인이 지배하지 않는 회사가 계열편입될 소지가 있음을 부인할 수 없다. 동일인이 법령상 지배관계가 추단되는 모든 계열회사를 파악하기 어려운 이유 중 하나이다. 그럼에도 불구하고 공정거래위원회는 실무상 동일인을 먼저 상정하고, 그 자에게 계열회사의 지정에 필요한 자료 일체를 제출하도록 하고 있다. 이와 같은 공정거래위원회의 실무는 과연 어떤 법적 근거에 기초한 것인가?

공정거래위원회가 어떤 기업집단에게 자료제출을 요청할 때에는 구체적으로 그 대상이 누구인지가 매우 중요하다. 왜냐하면 그 요청을 받은 자가 누구인지에 따라 자료제출의무 및 미제출에 대한 법적 책임을 지는 자가 달라지기 때문이다.

---

13) 지정자료의 누락과 관련하여 회사가 동일인인 기업집단이 문제된 사례는 아직 없다.

14) 다만, 비영리법인을 동일인으로 볼 수 있는지는 해석상 다툼의 소지가 있어 보인다. 공정거래법 제2조 제11호는 기업집단을 동일인이 회사인 경우와 회사가 아닌 경우로 나누고 있는데, 「동일인 지침」에 따르자면 결국 동일인이 회사가 아닌 경우로서 자연인과 비영리법인을 들고 있는 셈이기 때문이다. '회사가 아닌 경우'를 무한정 넓게 해석할 경우에는 비영리법인도 포함된다고 볼 수 있으나, 자연인과 법인을 하나의 범주에 포섭시키는 것은 다분히 어색해 보인다.

이와 관련하여 공정거래법은 기업집단을 암묵적으로 전제한 채 "회사 또는 해당 회사의 특수관계인"이라고 규정하고 있는바(법 제31조 제4항), 문언 상으로는 기업집단에 속하는 어느 계열회사 또는 그 회사를 지배하는 동일인과 동일인관련자에게 폭넓게 자료요청을 할 수 있는 것으로 해석된다.[15] 따라서 공정거래위원회가 지정자료의 제출을 동일인 총수에게 요청을 하는 것 자체가 위법하지는 않으나, 총수에게만 요청해야 하는 것은 아니다. 동일인에게만 자료제출을 요구하는 공정거래위원회의 실무관행은 총수의 협조를 쉽게 이끌어낸다는 측면에서 다분히 지정절차의 편의를 위한 수단에 지나지 않는다.

　　여기서는 총수가 현실적으로 자료제출에 관한 모든 사항을 직접 챙길 수 있는 지위에 있는지, 일부 자료누락 시 그에 따른 책임을 묻는 것이 타당한지만을 언급하기로 한다. 이미 전년도에 대기업집단으로 지정되는 과정에서 동일인이 누구인지가 명확하게 밝혀져 있는 경우에는 그나마 별 문제가 없을 수 있지만, 아직 공시대상기업집단 등으로 지정된 바 없는 기업집단의 경우에는 처음부터 동일인이 누구인지가 명확하지 않다는 점에서 자료제출 요청을 섣부르게 동일인으로 보이는 특정인에게 부담시키는 것은 타당하지 않아 보인다. 이 문제는 최근 「동일인 지침」이 제정되면서 일부 해소될 것으로 기대할 수 있다. 즉, 당초 동일인이 누구인지가 명확하지 않은 경우에 공정거래위원회는 자료제출 요청을 하기 전에 먼저 그 동일인이 누구인지를 명확하게 확인해줄 수 있는 것이다. 다만, 「동일인 지침」의 성격상 불복절차에 관한 규정은 따로 없으나, 동일인으로 확인될 경우에 예상되는 잠재적 불이익을 감안할 때 공정거래위원회의 '확인' 또한 일종의 처분으로서 불복의 대상이 된다고 보아야 할 것이다. 보다 근본적으로는 지정 후 각종 규제를 받는 자는 소속 계열회사라는 점을 감안할 때, 계열회사 내지 대표계열회사에게 지정자료 제출을 요청하는 것이 바람직할 것이다.

---

15) 공정거래법상 특수관계인이란 동일인, 동일인관련자 및 지배목적으로 기업결합에 참여하는 자(령 제14조 제1항 각호, 제4조 제1호 각목 참조)로서, 기업집단과 관련해서는 동일인과 (계열회사를 포함한) 동일인관련자가 여기에 해당한다. 다만, 지정자료 제출요청과 관련해서는 동일인관련자의 범위가 매우 넓기 때문에 공정거래위원회가 6촌 혈족이나 비영리법인, 비영리법인의 임원, 계열회사의 임원 등에게도 자료제출을 요청할 수 있다는 점에서 수범자로서는 자칫 형사벌에 노출될 수 있다. 입법론으로 자료요청대상을 합리적인 수준에서 특정하여야 하는 이유이다.

(2) 요청대상 기업집단의 범위

후술하는 바와 같이 공정거래법 제31조 제4항에 따른 자료제출 요청으로 인하여 과연 동일인에게 법적인 구속력을 갖는 자료제출의무가 발생하는지도 의문이나, 그에 앞서 지정제도의 취지에 비추어 공정거래위원회가 '어떤 기업집단'의 동일인에게 자료제출을 요청할 수 있는지를 살펴볼 필요가 있다. 공정거래법은 이에 관하여 아무런 규정을 두지 않고 있는바, 그렇다고 해서 공정거래위원회가 임의로 아무 기업집단에게나 자료제출을 요청할 수 있다고 볼 수는 없기 때문이다.

여기서 공정거래법상 기업집단 중에서 다시 공시대상기업집단 등을 지정하도록 하는 것은 일반집중의 억제 및 부당한 내부거래 등을 규제하기 위한 '수단'이라는 점에 주목할 필요가 있다. 즉, 지정 자체가 목적이 아닌 것이다. 다른 한편으로 경제력집중의 우려가 큰 대기업집단을 사전에 적절한 범위에서 지정하는 작업은 동 시책의 실효성 확보를 위한 선결과제이다. 이를테면 자산총액 5조 원 이상인 기업집단의 동일인이 지정자료를 허위로 제출하여 대기업집단 지정을 면탈하고 나아가 각종 규제를 회피하는 행위를 중대한 법위반행위로 보아야 하는 이유이다. 반면, 지정에 필요한 자료에서 누락된 일부 회사의 자산총액을 합산하더라도 어차피 5조 원에 훨씬 못 미치는 경우라면 해당 회사에 관한 자료가 누락되었다는 이유로 제재할 합당한 이유가 없을 것이다.

종래 공정거래위원회는 대기업집단의 지정을 위한 자료제출을 요청함에 있어서 자산총액이 2조 원 이상인 기업집단에게 자료제출을 요청하되, 자산총액이 3.5조 원 미만인 기업집단에게는 비교적 간단한 자료제출로 끝내고 있다. 신규지정을 위해서 5조 원 미만의 기업집단에게 지정자료를 요청하는 것 자체는 납득할 수 있으나, 2조 원 또는 3.5조 원이라는 기준은 지나치게 낮아 보인다. 「동일인 지침」은 전술한 바와 같이 세 가지 유형의 '협의대상 기업집단'을 언급하고 있는바, 신규지정이 예상되는 기업집단에 관해서는 여전히 — 동일인 확인에 필요한 자료가 아니라 — 공시대상기업집단을 지정하기 위한 취지에 비추어 이를 적정 수준의 규모로 특정해 줄 필요가 있다. 입법론으로는 자산총액 4조 원 이상인 기업집단만을 자료제출대상으로 삼고, 자산총액이 5조 원을 넘어 공시대상기업집단으로 지정되기 이전에 제출된 자료에 미비한 점이 발견되더라도 추후 제재하지 않는 방향으로 공정거래법을 개정하는 것이 바람직할 것이다.

2. 자료제출 요청의 법적 성격

(1) 자료제출 '요청'과 자료제출의무?

공정거래위원회는 대기업집단에 대한 경제력집중 억제시책을 집행하기 위하여 해마다 공시대상기업집단 등을 지정하여 소속 계열회사에 통지하고 있는데, 이를 위해서는 동일인을 비롯하여 동일인관련자나 특수관계인 등에 대한 구체적인 현황을 정확히 파악하지 않으면 안 된다. 그런데 공정거래위원회는 스스로 그러한 자료를 파악하기가 어렵기 때문에, 관련 회사나 특수관계인의 협조를 받아서 지정에 필요한 자료를 확보할 필요가 있다는 점은 부인하기 어렵다. 이에 공정거래법은 공정거래위원회가 회사 또는 해당회사의 특수관계인에게 기업집단의 지정을 위하여 필요한 자료, 즉 회사의 일반현황, 회사의 주주 및 임원 구성, 특수관계인 현황, 주식소유 현황 등 자료의 제출을 요청할 수 있게 하고 있으며(법 제31조 제4항), 이들의 성실한 협조를 담보한다는 명분으로 정당한 이유없이 자료제출을 거부하거나 허위자료를 제출한 자에 대하여 벌칙을 규정하고 있는 것이다(법 제125조 제2호).

그런데 공정거래법상 자료제출 요청제도는 공정거래위원회가 대기업집단의 지정 및 이를 기초로 한 각종 규제에 필요한 자료를 확보하기 위하여 관련 회사나 특수관계인의 '협조'를 '요청'하는 것으로서, 자료제출을 명하거나 요구하는 것도 아니고, 법위반행위를 전제로 내리는 불이익처분도 아니다. 현행법상 자료제출 요청이 위법·부당하다고 판단되는 경우에도 동일인이 공정거래위원회의 요청을 다투지 못하는 것도 그것이 상대방에게 아무런 법적 의무나 불이익을 창설하지 않기 때문이다.[16] 그렇다면 실무상 자료제출의 요청을 받은 동일인 총수는 공정거래위원회의 시책에 협조한다는 차원에서 가능한 범위에서 자료를 수집하여 제출하는 것이고, 제출된 자료의 진위 여부나 혹시라도 누락된 자료가 있는지를 완벽하게 조사하여야 할 의무를 지지는 않는 것으로 보아야 한다. 그럼에도

---

16) 이와 달리 기왕의 실무와 같이 공정거래위원회의 자료요청으로 인하여 동일인에게 자료제출의무가 발생한다고 해석할 경우에는 자료요청 자체가 불이익처분에 해당하여 그 처분의 위법·부당을 이유로 동일인은 취소소송을 제기할 수 있다고 보는 것이 논리적으로 합당하다. 자료누락 등 해당 의무를 위반하는 경우에는 동일인이 형사벌에 처해질 수 있다는 점 또한 자료요청을 불이익처분으로 보아야 하는 중요한 이유이다.

불구하고 공정거래법 제125조 제2호가 자료제출의무를 전제로 형사벌을 규정하고 있는 것은 자료제출 요청의 법적 성격에 부합하지 않는다는 점에서 타당하지 않다.

한편, 법리적으로도 공정거래위원회의 협조요청에 성실히 응하지 않는 경우라면 기껏해야 과태료 정도를 부과할 수 있을 뿐이다. 후술하는 고발지침이 이와 달리 "지정자료 제출의무"를 언급하고 있는 것도 공정거래법상 명시적 근거를 찾을 수 없다는 점에서 적절하지 않은 용어사용이다. 요컨대, 자료제출 요청제도는 그 성격상 요청을 받은 자의 성실한 협조를 '말 그대로' 요청하는 정도의 의사표시이지 형사벌을 통하여 상대방에게 이를 강제할 수 있는 것이 아니다. 아래에서는 공정거래법상 지정자료 제출요청과 유사한 제도를 비교 검토하여 위에서 언급한 자료제출 요청의 법적 성격을 재차 확인해 보기로 한다.

(2) 여타 자료제출 요청 · 명령과의 비교

공정거래법은 각기 다른 목적으로 자료제출에 관한 몇몇 규정을 두고 있는바, 이들을 대기업집단 지정을 위한 자료제출 요청과 비교해 보자.

1) 동의의결 이행 관련 자료제출 요청

공정거래법상 동의의결을 받은 사업자는 해당 동의의결의 이행계획과 이행결과를 제출하여야 하고, 공정거래위원회는 당해 사업자에게 동의의결의 이행에 관련된 자료의 제출을 요청할 수 있다(법 제90조 제5항, 제6항). 동의의결은 공정거래위원회와 피조사인 · 피심인의 상호합의(mutual agreement)로 법위반 여부를 확정하지 않은 채 절차를 종료하는 것으로서,[17] 사업자의 자발적 시정약속, 즉 시정방안을 본질적인 내용으로 한다. 사업자가 제안한 시정방안이 동의의결을 내리기에 충분한지, 공정거래위원회가 승인한 시정방안이 충실히 이행되는지를 확인하는 것은 동의의결의 실효성을 담보하는 중요한 수단이고, 동조는 이를 확인하기 위하여 공정거래위원회가 관련 자료제출을 요청할 수 있도록 한 것이다.

그런데 이때 공정거래위원회의 자료제출 요청에 사업자가 응하지 않거나 거짓자료를 제출하더라도 공정거래법상 과태료나 형사벌 등 별도의 제재는 존재하지 않는다. 사업자가 불완전하거나 부정확한 자료를 제출하여 동의의결을 받았거나 정당한 이유없이 동의의결을 이행하지 않는 경우에 대비하여 공정거래법은

---

17) 이봉의, 공정거래법, 박영사, 2022, 1304면 이하.

이와 같은 사유가 발생하였을 때 동의의결을 취소하고 중단되었던 심의절차를
계속하여 진행할 수 있을 뿐이다(법 제91조 제1항 제2호, 제3호). 이러한 방법으로
도 딱히 동의의결의 이행감독상 아무런 흠결이 발생하지 않을 것이라는 점에서
이러한 방식은 지극히 타당하다.

2) 법위반행위 조사를 위한 자료제출명령

공정거래법은 법위반행위를 조사하는 과정에서 사업자나 그 임직원에게 필요
한 자료나 물건의 제출을 '처분'으로 명할 수 있고(법 제81조 제1항 제3호), 위임
을 받은 소속 공무원이 사무소·사업장에서 자료를 조사하는 과정에서 — 증거
인멸의 우려가 있는 경우에 한하여 — 필요한 자료의 제출을 명할 수도 있다(법
제81조 제2항, 제6항; 령 제75조 제3항). 사업자가 자료제출명령을 이행하지 아니
한 경우에 공정거래위원회는 이를 다시 명령할 수 있고, 이를 이행하지 않는 자
에게는 이행강제금을 부과할 수 있다(법 제86조 제1항). 그리고 이와 관련하여 사
업자가 자료를 제출하지 않거나 거짓의 자료를 제출한 경우에 — 지정자료 미제
출이나 허위자료 제출과 마찬가지로 — 2년 이하의 징역이나 1억5천만원 이하의
벌금에 처하도록 하고 있다(법 제125조 제6호).

공정거래위원회는 법위반행위의 입증에 필요한 증거를 확보하기 위하여 사업
자가 보유한 자료에 접근할 필요가 있다. 그런데 공정거래위원회의 조사는 그 성
격상 임의조사에 해당하기 때문에,[18] 부득이 사업자에게 자료제출을 명하거나 필
요시 직접 사무소나 사업장에 출입하여 현장에서 각종 자료를 조사하게 된다. 이
경우에 사업자는 임의조사의 성격에 맞게 일정 수준에서 '협조'하면 족할 뿐이다.
즉, 사업자가 관련 자료를 빠짐없이 제출하여야 하는 것은 아니며, 일부 자료가
누락되었다고 하여 과태료나 형사벌이 부과되는 것도 아니다. 설사 사업자가 자
료를 제출하지 않은 경우에도 공정거래위원회는 재차 자료제출을 명하고, 이번에
도 제출되지 않는 경우에 한하여 이행강제금을 부과할 수 있을 뿐이다.

그런데 여기서 이행강제금을 부과하기 위한 요건인 자료제출명령의 불이행과
형사벌의 요건인 자료를 제출하지 않는 것 사이의 관계는 여전히 모호하다. 생각
건대, 양자는 그 체계상 구별할 필요가 있어 보인다. 전자와 관련하여 공정거래
법 제86조 제1항이 자료의 제출을 '다시' 명령할 수 있다고 규정하고 있는 점, 두
번째 자료제출명령을 이행하지 않은 경우에 비로소 이행강제금을 부과할 수 있

---

18) 이봉의, 위의 책, 1241면.

는 점 등을 감안할 때, 이때의 자료제출명령 불이행이란 비교적 '특정된' 일부 자료를 제출하지 않은 경우를 지칭하는 것으로 보아야 한다. 이행강제금의 성격상 공정거래위원회가 어느 정도 특정한 자료라야 미제출 여부를 명확하게 확인할 수 있을 것이기 때문이다.

반면, 후자는 사업자가 자료제출명령에 아예 응하지 않은 경우나 일부 자료를 제출하였으나 정작 필요한 자료는 사실상 제출하지 않은 경우와 같이 자료제출의 '거부'로 볼 수 있는 경우를 상정한 것으로 보아야 한다. 이렇게 해석하여야 자료제출 명령을 받고서 거짓자료를 제출한 자에 대해서 형사벌을 부과하는 것과 비로소 균형이 맞을 것이다. 요컨대, 법위반의 조사에 필요한 자료제출을 명하는 경우에 사업자는 협조의무를 부담할 뿐이며, 자료제출을 거부하거나 거짓자료를 제출하여 사실상 조사를 방해하는 수준에 이르는 경우에 한하여 형사벌을 부과할 뿐이다.[19] 형사벌이 부과된다는 이유로 자료제출의무를 추단하는 접근은 앞뒤가 뒤바뀐 것으로서, 형사벌 부과 부분을 손질하는 것이 정도(正道)이다.

3) 계열편입 · 제외를 위한 자료제출 요청

공정거래법 제130조 제1항 제5호는 법 제32조 제3항에 따라 공정거래위원회가 계열회사의 편입 및 제외 여부를 심사하기 위하여 필요한 자료제출 요청에 대하여 정당한 이유없이 자료를 제출하지 않거나 거짓의 자료를 제출한 자에 대하여 형사벌을 정하고 있는바, 근본적으로 법 제31조 제4항에 따른 지정자료 제출요청과 동일한 맥락에서 이해할 수 있다. 다만, 전자의 경우에는 자료제출 거부나 거짓자료 제출에 대하여 '과태료'를 부과하도록 규정하고 있는 점이 후자와 완연히 다르다. 즉, 계열편입이나 제외의 사유가 발생한 경우에 공정거래위원회는 해당 회사 또는 공익법인의 요청에 의하거나 직권으로 심사를 진행하게 되는바, 해당 회사나 공익법인(동일인이 아님!)에게 필요한 자료의 제출을 요청할 수 있고(법 제32조 제1항, 제3항), 이때 정당한 이유 없이 자료를 제출하지 않거나 거짓의 자료를 제출한 자는 1억 원 이하의 과태료를 부과받는 데에 그치는 것이다.

이때 유의할 것은 과태료든 형사벌이든 어떤 행위를 제재하는 규정으로부터

---

19) 공정거래위원회 조사공무원의 현장조사 시 폭언 · 폭행이나 고의적인 현장진입 저지 · 지연 등 물리적인 조사방해에 대해서는 가장 중한 수준의 형사벌이 부과된다(법 제124조 제1항 제13호). 그렇다고 해서 임의조사의 성격을 고려할 때, 사업자에게 '적극적인' 조사협조의무가 인정되는 것은 아니다. 즉, 조사공무원의 현장진입 시 사업자가 적극적으로 편의를 제공하거나 불편을 제거해야 하는 의무를 지지는 않는다.

자동적으로 사업자의 작위·부작위의무가 도출되지는 않는다는 점이다. 계열편입
과 계열제외의 경우를 나누어 살펴보자. 먼저, 계열편입이 문제되는 경우에 새로
이 계열회사에 편입될 수 있는 사업자의 입장에서는 편입사유가 발생하더라도
계열편입을 요청해야 할 의무는 없으며(요청하지 않더라도 아무런 제재 등 불이익
은 없음), 공정거래위원회가 직권으로 심사하여 자료제출을 요청하는 경우에도
자신에게 '불이익'[20]이 될 수 있는 모든 자료를 적극적으로 제출하도록 요구할
수는 없다. 적법절차의 구성원리인 자기부죄금지(自己負罪禁止)의 원칙에 따라
누구나 자신에게 불리한 자료제출을 거부할 수 있는 것이다(헌법 제12조 제2항).
반면, 계열제외는 해당 회사의 입장에서 볼 때 '이익'이 되는 처분으로서 공정거
래위원회에 적극적으로 제외를 요청할 수 있고, 이때 공정거래위원회가 필요한
자료제출을 요청한다면 해당 회사로서는 최대한 협조할 유인이 있을 것이다. 그
러나 이 경우에도 최대한 성실한 자료제출은 계열제외를 기대하는 회사의 유인
과 자발적 협조에 따른 것이고, 설사 자료누락 등으로 계열제외가 이루어지지 않
더라도 여전히 계열회사로 남아 각종 규제를 받으면 그만인 것이다. 즉, 계열편
입이나 계열제외에 필요한 공정거래위원회의 자료제출 요청으로 해당 회사에게
자료를 제출해야 할 법적 의무는 발생하지 않는다.

　이상 살펴본 바와 같이 공정거래위원회의 자료제출 요청은 대기업집단 지정
이라는 행정목적을 실현하기 위하여 필요한 수단이지, 법위반 여부를 판단하는
과정도 아니고 법위반 혐의를 전제로 증거를 확보하기 위한 것도 아니다. 자신에
게 불이익할 수 있는 계열관계 자료의 제출을 의무적으로 강제하는 것은 헌법원
리에도 부합하지 않는다.

(3) 지정자료 미제출 등에 의한 규제상 흠결?

　그렇다면 대기업집단 지정제도의 취지를 실현하기 위하여 수범자에게 엄격한
자료제출의무를 부과할 필요가 있는가? 과연 '어느 범위에서' 자료제출의무를 인
정할 필요가 있는지, 자료제출의무의 성실한 이행을 담보하기 위하여 '적절한 제
재수단'은 무엇인지의 문제는 이 질문에 대한 답에 따라 불필요해질 수도 있다.
공정거래위원회로부터 지정자료 제출요청을 받은 동일인이 － 현실적으로 자료
제출을 거부하는 경우란 상정하기 어려우므로 － 일부 자료를 누락한 경우에 정

---

20) 공정거래위원회의 계열편입은 전형적인 불이익처분으로서 항고소송의 대상이 된다.

책적으로 제재를 부과할 근거를 찾자면 누락으로 인하여 어떤 회사가 특정 기업집단의 계열회사로 편입되지 못함으로써 공시대상기업집단 등으로 지정되지 않거나 지정되었더라도 해당 계열회사가 누락됨으로써 규제를 면탈하는 것을 막고자 하는 것을 들 수 있다. 이 점은 후술하는 바와 같이 자료누락의 '고의성' 유무를 판단함에 있어서도 중요한 의미를 가질 것이다.[21]

그런데 공정거래법은 "정당한 이유없이 자료제출을 거부하거나 거짓의 자료를 제출"함으로써 계열회사에서 누락되는 경우에도 편입사유가 발생한 날 등을 고려하여 ① 공시대상기업집단의 지정 당시 그 소속회사로 편입되어야 함에도 불구하고 편입되지 않은 회사의 경우에는 그 공시대상기업집단의 지정·통지를 받은 날, ② 공시대상기업집단의 지정 이후 그 소속회사로 편입되어야 함에도 불구하고 편입되지 않은 회사의 경우에는 그 공시대상기업집단에 속해야 할 사유가 발생한 날이 속하는 달의 다음 달 1일에 계열회사로 편입된 것으로 간주하여 각종 규제를 소급해서 적용하도록 규정하고 있다(법 제33조, 령 제39조). 그 결과 동일인의 부주의나 기타 불가항력 등으로 인하여 지정자료에 누락이 발생하더라도 경제력집중 억제시책에는 아무런 흠결이 발생하지 않으며, 결국 추후 편입의제되는 회사가 누락에 따른 책임을 지게 되는 것이다. 이러한 해결방식이 계열회사로 하여금 지정자료의 누락을 막기 위한 나름의 노력을 기울이게 하는 한편, 자료제공에 성실히 협조하지 않은 데에 따른 규제공백을 충분히 메우고 있는 것이다. 요컨대, 지정자료의 누락으로 인하여 침해될 규제상 이익도 존재하지 않는다.

3. 지정자료 누락에 대한 제재의 쟁점

(1) 법 제125조 제2호에 따른 구성요건의 해석원칙

공정거래위원회의 실무상 자료누락이 발생하지 않기 위해서는 제출되는 지정자료에 동일인이 사실상 지배하는 회사가 빠짐없이 기재되어야 한다. 여기서 문제는 동일인 총수가 '사실상' 지배하지 않고 있는 회사라도 공정거래법상 자신이 지배하는 회사로 간주된다는 데에 있다. 다시 말해서 공정거래법 제2조 제11호와 시행령 제4조는 각각 지배관계의 실질과 형식에 초점을 맞춤으로써 스스로

---

21) 이를테면 지정자료를 누락함으로써 동일인이 얻을 수 있는 이익이 없다면 누락에 대한 고의를 인정하기 어려울 것이다.

모순을 드러내고 있는 것이다. 전자는 동일인이 지배하는 회사인지를 실제 동일인의 지배가능성을 고려하여 계열회사 여부를 판단하도록 하는 반면(실질), 후자는 실질적인 지배관계와 무관하게 동일인관련자 및 그와 일정한 관계에 있는 자를 계열회사로 간주하도록 규정하고 있기 때문이다(형식). 예컨대, 동일인의 혈족 4촌이 50% 지분을 보유하고 있는 회사, 국내 계열회사 또는 그 해외계열사가 각 지분 40% 내지 50%를 보유하고 있는 회사, 계열회사의 임원 또는 계열회사가 설립한 비영리법인의 임원이 보유한 회사에 관한 자료를 누락한 경우에 공정거래위원회는 구체적인 사정을 고려하지 않고 ─ 계열회사 여부를 실질적으로 판단하지 않고 ─ 곧바로 동일인이 지배하는 회사를 누락한 것으로 보아 형사고발을 할 수 있는 것이다.

　여기서 지정자료 제출에 일부 누락이 있는 경우에 제재를 꺼내들기에 앞서서 공정거래법 제125조 제2호의 구성요건을 어떻게 해석할 것인지를 살펴보아야 한다. 여기서 먼저 유의할 점은 동법 제125조 제2호는 자료제출에 흠결이 있는 모든 경우를 형사벌의 대상으로 삼고 있는 것이 아니라, 정당한 이유없이 자료 제출을 거부하거나 거짓의 자료를 제출한 자로 한정하고 있다는 점이다. 여기서 공정거래위원회의 실무상 자주 문제되고 있는 유형,[22] 즉 제출자료에 일부 소속 회사가 누락된 것이 정당한 이유없이 거짓의 자료를 제출한 경우에 해당하는지를 따져보자.

　먼저, 허위 내지 거짓의 자료란 일견 사실에 부합하지 않는 자료를 말하며, 지정자료에 관한 한 동일인이 회사의 주주 현황이나 특수관계인 현황 등에 관하여 '의도적으로'(= 고의로) 사실과 다르게 제출한 경우가 여기에 해당될 것이다. 공정거래법에 달리 정함이 없는 한 동법 위반의 범죄행위가 성립하기 위해서는 '고의'가 반드시 필요하다(형법 제13조 참조). 문제는 이때 고의의 대상이 무엇인가에 관한 것이다. 그런데 대기업집단의 지정은 기본적으로 수범자인 기업들의 '자발적' 자료제출에 의존하고 있으므로 공정거래위원회의 담당자 및 기업 실무자 사이의 상호 협조 내지 협력이 매우 중요하다. 이처럼 동일인의 지정자료 제출이 다분히 자발적 성격을 갖는다는 점을 감안할 때, 일단 제출된 자료에 일부

---

22) 지정자료와 관련하여 동일인이 아예 자료제출을 거부한 사례는 아직 없다. 다만, 이 경우에도 해석상 동일인이 지정자료 내지 계열회사를 얼마나 누락하였는지에 따라서는 일부 자료를 제출하였더라도 자료제출거부로 문제삼을 여지는 있는 것으로 보인다.

누락 또는 흠결이 발견되더라도 언제나 '거짓의 자료제출'이 성립한다는 논리는 설득력을 갖기 어렵다. 흠결 내지 누락이 발생한 원인은 다양할 수 있고, 무엇보다 실수 또는 과실로 인한 자료누락도 충분히 가능하기 때문이다. 이러한 경우까지 동일인의 인식가능성을 들어 모두 동일인의 고의에 의한 거짓자료 제출로 간주하는 식의 공정거래위원회 실무는 지정자료 제출의 법적 성격을 간과한 것이어서 타당하지 않다.

그리고 공정거래법상 형사벌이 부과되기 위해서는 자료제출을 요청받은 자가 '정당한 이유 없이' 자료 제출을 거부하거나 거짓의 자료를 제출하여야 한다. 종래 공정거래위원회의 실무와 같이 허위 또는 거짓의 의미를 매우 광의로 해석한다고 하더라도 거기에 '정당한 이유'가 있는지 여부를 면밀히 살펴볼 필요가 있다. 여기서 말하는 정당한 이유는 효율성 증대나 소비자후생증대 등과 같이 시장지배적 지위남용이나 불공정거래행위의 위법성을 조각하는 사유와는 달리 절차법적인 측면에서 완전한 지정자료를 제출하지 못하게 된 데에 객관적으로 납득할 수 있는 사유가 있는 경우를 말한다고 보아야 할 것이다. 이를테면 동일인으로서는 먼 친척이 지배하는 회사를 일일이 따져 묻는 것도 쉽지 않고, 이미 창업에 성공하여 오너경영을 하고 있는 기업인의 회사를 자신의 계열회사로 인식하기란 쉽지 않을 수 있다. 이러한 사정들이 자료누락이 발생하게 된 정당한 이유로 충분히 고려될 필요가 있다.

일반적으로 공정거래법상 불이익처분을 위한 요건에 관해서는 엄격한 해석이 요구되고, 특히 그 요건의 해석에 따라서 형벌이 부과될 수 있는 경우에는 더욱 엄격하게 해석할 필요가 있다. 그런데 후술하는 바와 같이 동일인이 제출한 자료에 흠결이나 누락이 있는 경우에 그것이 거짓 자료의 제출에 해당되는지 여부를 판단하기는 결코 쉬운 일이 아니다. 동일인관련자의 범위가 지나치게 넓고 동일인의 사실상 지배를 판단하는 기준이 여전히 모호할 뿐만 아니라 지정자료의 범위 또한 명확하지 않은 경우가 많기 때문이다. 특히, 공정거래위원회의 자료제출요청이 대기업집단을 지정하는 과정에서 담당 공무원과 소속 계열회사의 담당 직원 사이에 긴밀한 협조를 위한 단초가 될 뿐이라는 점에서, 동일인이 통상의 주의로는 인지할 수 없는 다분히 형식적인 계열관계에 관한 자료를 누락하였다는 사정은 나름 정당한 이유로 인정해 주는 것이 타당할 것이다.

(2) 엄격해석의 원칙에 따른 거짓자료의 개념

현행법상 지정자료 누락에 대한 형사처벌을 적정 수준에서 운영하기 위해서는 공정거래위원회의 지정실무에 투명성과 예측가능성이 담보되어야 한다. 특히, 구성요건 중 핵심인 '거짓자료'의 개념을 엄격해석의 원칙에 따라 다음과 같이 합리적인 범위로 제한하지 않으면 안 된다.

첫째, 누락된 계열회사나 부정확한 자산총액, 매출액으로 인하여 대기업집단으로의 지정 여부가 좌우되지 않는 한 거짓자료의 제출로 보아서는 안 된다. '지정자료'란 글자 그대로 대기업집단 지정에 필요한 자료로서 그 자료가 제대로 정확하게 제출되었더라면 대기업집단으로 지정되었을 개연성이 큰, 다시 말해서 지정이 예견되는 기업집단이 자료의 흠결이나 누락으로 인하여 지정을 회피하고, 그 결과 대기업집단에 대한 각종 규제를 면탈하였을 경우에만 거짓자료의 제출로서 처벌할 필요가 있기 때문이다. 따라서 자료의 흠결이나 누락이 없었더라도 대기업집단으로 지정될 가능성이 거의 없는 경우에는 공정거래위원회가 막대한 행정비용을 들여서 방대한 자료를 제출받아 그 자료의 정확성을 심사하는 것 자체가 비효율적인 법집행에 해당할 것이고, 자료에 흠결이 있거나 완벽하지 않다는 이유만으로 어차피 대기업집단으로 지정되지도 않았을 기업집단의 동일인에게 형사고발을 한다는 것은 과잉집행의 전형적인 예에 해당된다고 할 수 있다.[23] 요컨대, 지정자료의 누락이란 대기업집단 지정에 따른 규제를 회피하기 위하여 의도적으로 사실과 다른 자료를 제출하는 거짓자료의 제출과는 차원이 다르다는 점을 간과해서는 안 된다.

둘째, 특정 자료의 누락이 공시대상기업집단 등으로 지정될 것인지를 좌우하는 관건인 경우에는 공시대상기업집단의 지정목적을 고려하여 거짓자료의 제출 여부가 판단되어야 한다. 예컨대, 공시대상기업집단을 지정하는 취지는 아직 국민경제적 차원에서 경제력집중이 심각하지는 않지만 이미 상당한 규모의 기업집단으로서 이들의 경영상황을 정확하게 시장에 공개함으로써 지배구조 및 내부거래의 투명성을 높이고 부당한 거래관행을 억지하려는 데에 있다. 이러한 경우에 특정 계열사를 누락하여 공시규제를 피하는 행위는 형사처벌의 적정성 여부는

---

23) 이와 달리 누락된 계열회사와 무관하게 해당 기업집단이 확실히 지정되는 경우에는 거짓자료의 제출이 성립할 수 있다. 동 회사의 계열편입이 이루어지지 않음으로써 이른바 위장계열사의 형태로 각종 규제를 면탈할 수 있기 때문이다.

차치하고 다분히 거짓자료의 제출로 포섭할 여지가 있어 보인다.

　생각건대, 거짓자료라는 용어에는 사실에 부합하지 않은 점에 대한 동일인의 고의가 내포되어 있고, 지정자료 제출의 취지에 비춰볼 때 특정 계열회사의 누락이 대기업집단의 지정 여부에 아무런 영향을 미치지 못한다면 동일인이 의도적으로 거짓자료를 제출했다고 보기는 어렵다. 동일인이 대기업집단 지정 여부와 무관한 다른 이유로 특정 계열회사에 관한 자료를 누락하였다는 점은 그 자체가 동일인 측의 정당한 이유로 고려될 수 있을 것이다. 아울러 공정거래법상 동일인의 사실상 지배가 간주되기는 하나 실제로는 동일인관련자가 객관적으로 지배하고 있는 ― 다분히 모순되는 ― 사정 또한 지정자료 누락의 정당한 이유를 판단할 때 충분히 고려되지 않으면 안 된다. 다른 친인척이 사실상 지배하는 회사 또한 형식적·기계적으로 동일인 총수의 계열회사에 편입되는 황당한 모순이 일상화되어 있는 현행 지정자료 제출요청제도는 전면적인 개편을 요한다.

(3) 절차위반에 대한 형사벌의 당부

　공정거래법은 시장지배적 지위남용이나 부당한 공동행위 등 대부분의 법위반행위와 조사방해 등 중대한 절차위반행위에 대하여 형사벌을 규정하고 있다. 그런데 형사벌의 부과는 시정조치나 과징금이라는 행정적 제재나 손해배상과 같은 민사적 구제에 비하여 무엇보다 '자연인'에 대한 징역이나 벌금 등의 강력한 제재를 통하여 법집행의 실효성을 제고하는 특징을 가지고 있다. 특히, 최근 들어 기업의 대표나 임원에 대한 고발이 증가하는 추세 속에서 기업의 입장에서 가장 무거운 제재로 인식되고 있는 것이 형벌이라는 점을 감안할 때 공정거래위원회가 고발을 의결할 때에는 행정적 제재나 민사적 제재만으로는 충분하지 않다는 의미에서 '최후의 수단'(ultima ratio)으로만 고려하는 것이 바람직하다. 공정거래법이 전속고발권을 두고 있는 취지도 바로 그것이다.

　문제는 공정거래위원회 또한 최근에 고발권을 매우 적극적으로 행사하고 있고, 검찰의 고발요청은 물론이고 특히 중기부의 고발요청[24]도 적지 않게 이루어

---

24) 국회 정무위원회 소속 박재호 더불어민주당 의원실이 공정위로부터 제출받은 최근 5년간 (2018년~2023년 6월) 의무고발요청 현황에 따르면, 윤석열 정부 출범 이후인 2022년 6월부터 올해 6월까지 의무고발요청권은 각각 중기부가 2건, 조달청이 5건, 검찰이 12건 행사했다. 문재인 정부 시기인 2019년부터 2021년까지 3년간 평균 고발요청권 행사 건수가 중기부 9.7건, 조달청 4건, 검찰 2건이었으나, 최근 1년간 총 19건 중에서 검찰이 압도적으로 많은 12건을 행사한 점이 눈에 띈다.

지고 있다는 점이다. 공정거래법의 과도한 형사벌화(criminalization)에 대해서는 국내외 학계에서도 문제제기가 이루어지고 있고, 정부 차원에서도 경제법령에 들어 있는 형사벌을 정비하려는 노력이 진행되고 있으나, 아직까지 그 성과를 평가하기는 이르다. 그런데 과도한 형사벌화를 막기 위해서는 법령의 정비도 중요하지만, 그에 못지않게 공정거래위원회의 법집행 실무가 중요하다. 형사벌은 가급적 보충적으로 부과되어야 한다는 공정거래위원회 실무자의 인식이 필요하고, 기소단계에서 형사벌을 위한 구성요건을 엄격하게 해석·운용하려는 검찰의 신중한 자세 또한 필요하다.

이러한 관점에서 자료제출 요청과 관련한 형사벌의 필요성을 다른 절차위반행위와 비교하여 살펴보자. 먼저, 절차위반에 대하여 형사벌이 규정되어 있는 대표적인 행위는 바로 조사방해이다. 즉, 조사공무원의 조사에 폭언·폭행, 고의적인 현장진입 저지·지연 등을 통하여 조사를 거부·방해 또는 기피한 자에 대해서 공정거래법상 가장 중한 3년 이하의 징역 또는 2억원 이하의 벌금에 처하는 것이다(법 제124조 제1항 제13호). 이때 방해의 대상이 되는 조사란 법 제81조 제2항에 따른 조사로서, 동조의 표제에서 나타나는 바와 같이 위반행위의 조사를 말한다. 흔히 실무상 '현장조사'로 불리는 것으로서, 소속 공무원이 사업자 등의 사무소나 사업장에 출입하여 자료나 물건을 조사하는 과정에서 이를 심히 방해하는 행위가 바로 형사처벌의 대상이다. 이 경우에도 공정거래위원회의 현장조사에 사업자가 적극적으로 협조하거나 조사에 필요한 자료를 완벽하게 제출해야 할 의무란 존재하지 않으며, 이것은 피규제자의 방어권 차원에서도 지극히 당연한 것이다.

이어서 공정거래위원회는 동법의 시행이나 법위반행위의 조사에 필요한 자료

정권별 의무고발요청 현황   단위: 건

	문재인 정부				윤석열 정부	
	2019년	2020년	2021년	평균		2022년 6월~2023년 6월
중기부	8	13	8	9.7	중기부	2
조달청	1	15	6	4	조달청	5
검찰	1	5		2	검찰	12
합계	10	23	14	15.7	합계	19

[자료＝박재호 더불어민주당 의원실, 공정거래위원회]
[그래픽＝홍종현 미술기자]

의 제출을 '명'할 수도 있는데 크게 두 가지 경우를 상정할 수 있다(법 제81조 제1
항 제3호, 령 제75조 제3항). 하나는 공정거래위원회가 처분의 형태로 사업자 등에
게 위반행위의 조사에 필요한 자료나 물건의 제출을 명하는 경우이다. 다른 하나
는 전술한 현장조사 시 증거인멸의 우려가 있다고 판단되는 때에 조사공무원이
사업자 등이나 그 임직원에게 자료 등의 제출을 명하는 경우이다. 어느 경우나
처분 등의 형태로 자료제출이 요구되고, 필요한 자료제출을 거부하거나 거짓의
자료를 제출한 자에 대해서는 2년 이하의 징역 또는 1억 5천만 원 이하의 벌금
에 처한다(법 제125조 제6호). 이와 관련해서도 자신에게 불리한 조사에 협조할
의무가 발생하는지에 대해서는 의문이 제기될 수 있으나, 적어도 공정거래위원회
의 처분 등을 통하여 자료제출명령이 내려지는 것임을 감안하면 그 위반에 대하
여 형사벌을 부과하는 취지를 이해할 여지는 충분하다. 반면, 이 글에서 다루는
지정자료의 요청은 공정거래위원회의 처분으로 명해지는 것도 아니고, 법위반의
혐의가 있음을 전제로 하는 것도 아니라는 점에서 그 성격이 전혀 다르다. 그럼
에도 불구하고 지정자료 제출요청에 대해서도 중대한 조사방해에 상응하는 형사
벌을 부과한다는 것은 타당하지 않다.

한편, 처음부터 자료를 아예 제출하지 아니하거나 허위자료를 제출한 경우와
자료제출 요청에 대하여 일부 자료가 누락되는 경우 사이에는 본질적으로 커다
란 차이가 있다. 전자에서는 조사를 회피하거나 증거를 인멸하는 등 고의적인 은
폐의 정황이 비교적 분명하게 드러나는 반면, 후자의 경우에는 '특별한 사정'이
없는 한 단순한 실수에 기인한 경우가 많을 것이기 때문이다. 후자와 관련하여
대기업집단 소속회사의 경우 공정거래법, 회사법이나 자본시장법상 방대한 공시
의무를 이행하는 결과 동일인이 누구인지, 관계회사의 지분구조는 어떠한지 등이
비교적 투명하게 공개되어 있어서 계열회사를 은폐하는 것 자체가 매우 어렵다
는 점도 고려할 필요가 있다. 여기서 '특별한 사정'이란 무엇보다 소속회사를 고
의로 누락시킴으로써 대기업집단의 지정을 회피하고 그 결과 공시의무나 순환출
자금지 등 관련 규제를 피해야 할 사정이 있는 경우로 이해할 수 있을 것이다.

(4) 자료의 '흠결이나 누락'에 대한 제재의 형평성 문제

무릇 법은 공평 내지 형평을 중시한다. '법 앞에 평등'이란 누구나 법적용에
있어서 차별받지 않는다는 의미인데, 법위반행위의 중한 정도가 동일함에도 불구

하고 차등적인 제재를 부과하는 것 또한 법 앞에 평등이라는 원칙에 반할 뿐만 아니라 형평의 원칙에도 반하는 것으로서 허용되어서는 안 된다. 아울러 자기책임의 원칙 또한 고의·과실책임과 더불어 시장경제의 기초로서 중요한 의미를 가진다. 누구나 자기의 잘못에 대해서만 책임을 진다는 의미에서 그밖에는 최대한의 자유를 누릴 수 있기 때문이다. 그런데 공정거래법상 지정자료 누락에 대한 제재가 대표적으로 이러한 원칙에 어긋나는 것으로 보인다. 몇 가지 경우를 들어 설명해 보자.

첫째, 공정거래법은 일단 공시대상기업집단으로 지정된 이후 계열회사의 편입 및 제외에 필요한 공정거래위원회의 자료제출 요청에 협조하지 않은 자에 대하여는 과태료만 부과하면서, 공시대상기업집단의 지정에 필요한 사전의 자료제출 요청에 협조하지 않은 자에 대하여는 형벌만을 부과하는 불균형을 보이고 있다. 이들 두 가지 행위는 모두 본질적으로 기업집단의 계열회사를 규제목적에 맞게 획정하고자 하는 취지를 저해하는 것으로서, 제재를 달리할 그 어떤 이유도 찾기 어렵다. 그렇다면 당장은 공정위가 후자의 형사벌 요건을 가급적 엄격하게 해석하여 신중하게 적용하는 수밖에 없어 보인다. 이와 달리 동일인이 제출한 지정자료에 일부 누락된 사실이 있다고 하여 이를 기계적으로 고의에 의한 거짓자료의 제출로 보아 고발하는 것은 위법하지는 않더라도 부당한 법집행에 해당한다고 볼 수 있다.

둘째, 공정거래법은 공시대상기업집단에 속한 회사에게 대규모내부거래 등 각종 사항을 공시할 의무를 부과하는 한편(법 제11조의4), 그 공시를 하지 아니한 자 또는 주요내용을 누락하거나 허위로 공시한 자에 대해서 과태료를 규정하고 있다(법 제69조의2 제1호). 공시대상기업집단을 운용하는 취지는 ― 상호출자제한기업집단의 경우와 달리 ― 오로지 대규모 내부거래 등을 시장에 알림으로써 편법적인 내부거래를 방지하고 그룹 운영의 투명성을 제고하는 데에 있는바, 이러한 취지를 해하는 허위공시에 대해서도 형벌이 아니라 과태료가 부과되고 있다. 공시대상기업집단을 지정하는 목적은 결국 공시의무를 부과하는 데에 있는데, 정작 주된 규제라고 볼 수 있는 공시의무 위반에 대한 제재보다 수단적 의미를 갖는데 불과한 지정자료 제출의무 위반에 대한 제재가 훨씬 중하다는 것은 모순이다. 심지어 지정단계에서 일부 계열회사가 누락되었다면 결국 자동적으로 추후 공시의무 위반행위로 이어질 수밖에 없다는 점을 감안하면 과연 계열회사 지정을 위한 일부 자료의 누락을 따로 제재할 필요가 있는지조차 의문스럽다.

셋째, 동일인 또는 동일인관련자가 어떤 회사를 '사실상 지배'하는지 여부는 대단히 난해한 불특정개념이자 구체적인 사안에서도 그 판단이 쉽지 않다. 그 결과 공정거래위원회 실무자의 주관적 판단이 개입할 소지가 크고, 경제이론이나 법리도 별 도움이 되지 못한다. 그런데 공정거래법 제125조 제2호는 '거짓의 자료' 제출행위를 무거운 형사처벌의 대상으로 삼고 있는바, 결국 회사가 제출한 지정자료에 거짓이 있는지는 결국 동일인이 누구인지, 어떤 회사를 그와 동일인관련자가 사실상 지배하고 있는지에 대한 공정거래위원회의 주관적 판단 내지 폭넓은 재량에 좌우될 수밖에 없다. 공정거래위원회의 재량판단에 따라 동일인의 형사처벌 여부가 좌우될 수 있다는 것이다. 이러한 실무관행은 법치국가원리에 맞지 않을 뿐만 아니라 죄형법정주의에도 정면으로 반할 소지가 크다는 점에서 입법적으로 해결하는 수밖에 없다.

Ⅳ. 결　론

1. 공정거래법상 공정거래위원회의 지정자료 제출 요청은 엄밀한 의미에서 이미 공시대상기업집단 등으로 지정되었거나 지정될 가능성이 높은 기업집단에 대하여 지정에 필요한 자료를 확보하기 위한 수단으로서, 그 필요성 자체는 두말할 나위가 없다. 문제는 자료제출 요청의 요건 및 절차가 불분명한 상태에서 공정거래위원회의 자의적(恣意的) 판단에 따른 실무가 오랫동안 관행으로 자리잡고 있다는 점이다. 특히, 계열회사들의 자산총액이 5조 원에 현저히 미달하여 지정 가능성이 전혀 없는 기업집단에게 자료제출을 요구하거나, 지정가능성이 상당하다고 판단되는 경우에도 동일인에게만 그것도 완벽한 수준의 자료제출을 요구하는 것은 다분히 공정거래위원회의 편의주의적 법집행으로서 시급히 개선될 필요가 있다.

2. 일단 공시대상기업집단으로 지정된 이후에 공시에 필요한 사항은 「공시대상기업집단 소속회사 등의 중요사항 공시에 관한 규정」[25]에 비교적 구체적·세부적으로 규정되어 있으나, 신규지정이 예상되는 기업집단의 경우에는 그가 제출

---

25) 공정거래위원회 고시 제2023-3호, 2023.3.29.

해야 할 지정자료의 범위에 대해서는 정확히 파악할 수 있는 방법이 없다. 따라서 공정거래위원회 실무자와 기업의 기업집단 관련 담당자 사이에 서류제출 과정에서 긴밀한 '협의'가 필요하고, 그 결과에 따른 자료제출에 대해서는 추후 흠결이나 누락을 문제 삼지 않는 등 협의결과에 대하여 법적 안정성을 확실히 보장해줄 필요가 있다. 이것이 지정자료의 제출에 성실하게 협조하려는 기업에게 법 준수를 용이하게 함으로써 궁극적으로 대기업집단 지정제도의 실효성을 제고하는 방법일 것이다.

3. 지정자료의 누락은 적지 않은 경우에 동일인 및 동일인관련자의 판단 및 지정자료의 범위에 관한 불명확성, 그간의 공정거래위원회의 처리관행, 무차별적인 임원보유회사의 계열회사 간주 등 여러 사정이 복합적으로 작용하여 발생하며, 그에 따른 책임을 온전히 동일인에게만 귀속시킬 법적 근거도 미약하다. 사정이 이러함에도 불구하고 동일인의 자료제출의무라는 근거조차 애매한 개념을 들어 지정자료 누락시 형사벌을 부과하는 공정거래법의 태도는 지정제도의 취지와 법적 성격에 반할 뿐만 아니라 자기책임의 원칙에도 부합하지 않는다.

4. 공시대상기업집단 등을 지정하는 것은 그 자체가 목적이 아니다. 어디까지나 소수의 기업집단으로 경제력이 과도하게 집중되는 것을 방지하기 위한 수단이다. 1986년 공정거래법 개정으로 대기업집단의 지정 및 경제력집중 억제시책이 도입되었음에도 불구하고 아직까지 동 규제의 실효성, 즉 대기업집단 중심의 경제력집중 현상이 의미 있는 수준으로 완화되었음을 보여주는 실증결과를 찾기 어렵다. 이러한 상황에서 경제력집중 억제시책의 본질은 제쳐둔 채 동 시책의 수단에 불과한 지정자료의 누락을 정작 억제시책의 위반보다 훨씬 무거운 제재인 형사벌로 의율하는 것은 다분히 본말(本末)이 전도된 규제로 볼 수밖에 없다. 차제에 규모 위주의 집중규제를 전면적으로 재검토하고, 우리나라에서 경제력집중 억제라는 문제의 본질이 무엇인지 재차 고민할 필요가 있다.

[참고문헌]

이봉의, 공정거래법, 박영사, 2022.

박상인, "이스라엘 경제력집중법의 한국 재벌개혁에 대한 함의", 한국경제포럼 제10권 제3호, 2017.

신광식, "공정거래법 운용성과와 향후 정책방향", 경제법연구 제5권 제1호, 2006.

이동원, "경제민주화 정책에 관한 새로운 접근방향", 경쟁법연구 제27권, 2013.

이황, "공정거래법상 경제력집중 억제시책과 일반집중의 문제", 법학연구 제31권 제1호, 연세대학교 법학연구원, 2021.

홍명수, "독점규제법상 재벌규제의 문제점과 개선 방안", 경쟁법연구 제36권, 2017.

제2편

대기업집단의
지정 및 공시의무

제1장

기업집단공시제도 :
기능적 함의와 한계의 개선 방향을 중심으로

유영국

기업집단공시제도 :
기능적 함의와 한계의 개선 방향을 중심으로*

유 영 국**

Ⅰ. 들어가며

경쟁법 집행에 대한 기대의 핵심은 개별시장을 넘어 시장경제 전반의 정상적인 경쟁메커니즘 작동에 있다. 따라서 「독점규제 및 공정거래에 관한 법률」(이하 '공정거래법')의 입법 목적과 주요 집행도구의 기능적 함의와 이들 간 상호적 작용은 중요할 수밖에 없다.[1] 경제력이 소수의 개인이나 기업에 집중되는 이른바 '경제력집중'을 억제하기 위한 공정거래법상 규제체계 역시 이러한 맥락에서 이해되어야 한다.

우리나라는 1960년대 이후 대외지향적 성장 우선주의 기조에 따라 정부 주도의 경제개발을 추진하여 1980년까지 연평균 8.5%의 경제성장률을 기록하는 등 비약적 성장을 이루었다.[2] 하지만 이 과정에서 주요 산업의 독과점화가 급속히 진행되고 수출경쟁력 제고를 위한 정부 차원의 재정·금융 지원이 소수 기업에 집중됨으로써 이들을 중심으로 한 시장구조가 고착되었다.[3] 이러한 상황적 배경에서 1980년 공정거래법이 제정되었다.[4] 잘 알려진 바와 같이 동법 제정은 1975

---

* 이 글은 2023년 9월 「경쟁법연구」 제48권에 게재된 논문을 편집, 수정·보완하여 작성되었음을 밝힙니다.
** 한신대학교 평화교양대학 조교수, 법학박사(Dr. iur., LL.M.)
1) 홍명수, "한국 독점규제법의 현재와 미래", 「경쟁법연구」 제12권, 한국경쟁법학회, 2005, 167-170면.
2) 비약적 경제성장의 이면에 관하여는 고영신, "한국경제의 성장과 정부의 역할 : 과거, 현재, 미래", 한국개발연구원, 2008.11., 2-9면 및 142면 이하 참조.
3) 권오승·서정, 「독점규제법 - 이론과 실무」(제6판), 법문사, 2023, 531면.
4) 공정거래법은 우리 경제질서의 기본법으로서 그 제정은 시장의 고유한 기능에 대한 법제도적 보장을 의미하는 것으로 볼 수 있다. 홍명수, 「경제법론 Ⅰ」, 경인문화사, 2008, 155면.

년 제정된 「물가안정 및 공정거래에 관한 법률」 시행 과정에서 독과점으로 인한 폐해만을 규제하고 그 원인으로서 독과점적 시장구조와 그로 인한 경제력 집중을 억제하기 위한 제도적 장치 부족 등 기능적 한계의 노정에서 비롯되었다.[5] 그렇지만 주요 시장과 산업에서 핵심적 역할과 비중을 차지하는 동시에 경쟁을 구조적으로 제약하는 대규모기업집단으로서 '재벌'(財閥)이 경쟁메커니즘 작동의 현실적 장애 요소로 작용하면서 동법 시행은 당초의 기대에 미치지 못하였다.[6] 그리고 이와 같은 우리나라 시장구조의 특징은 경제력 집중 규제를 위한 제도적 장치 마련에 목적을 둔 공정거래법 개정의 배경이 되었다.[7]

이렇게 추진된 1986년 공정거래법 제1차 개정을 통해 일반 내지 소유집중의 관점에서 경제력집중 억제를 위한 법적 근거가 마련되었으며,[8] 이를 기업집단 규제를 위한 이른바 '1986년 체제'라고 한다. 다만, 이렇게 법제화된 규제체계는 경제 환경의 변화에도 불구하고 도입 후 30여 년의 시간이 흘렀음에도 기본틀은 그대로 유지한 채 일부 규제내용의 수정만을 반복하는 양상으로 유지되어 왔다.[9] 이에 기존 규제틀이 여전히 유효한지에 대한 근본적 검토와 함께 실효적 개선방안 마련의 필요성이 강조되고 있다. 법·정책의 목적과 그 실현을 위한 수단 간의 적합성에 대한 이론·실무적 관점의 끊임없는 점검은 그 해석·집행의 정당성과 설득력 제공의 토대가 되는 만큼 관련 연구의 지속은 중요한 의미를 지니게 된다.[10]

이러한 맥락에서 경제력집중 억제 제도의 정책적 함의와 공정거래법령 제·개

---

5) 고영신, 앞의 보고서, 267-268면.

6) 홍명수, 「경제법론 Ⅲ」, 경인문화사, 2013, 164면.

7) 권오승·서정, 앞의 책, 531-532 및 537-540면; 공정위, 공정거래위원회 40년사-시장경제 창달의 발자취 1981-2020, 2021, 169-170면: "그 이전의 공정거래법에도 경제력집중 억제는 중요한 정책목표의 하나였지만, 실제로 이를 구체화할 정책수단이 없었다. 경쟁제한적인 기업결합을 금지하는 조항이 있기는 하였으나 이는 독과점적인 시장구조의 출현을 방지하는데 목적이 있었던 것으로서 경제력집중의 억제에는 한계가 있었다."

8) 경제력집중의 세 가지 차원으로 시장, 일반 및 소유집중의 의미와 관계에 관하여는 이봉의, 「공정거래법」, 박영사, 2022, 515-518면.

9) 대규모기업집단이 여전히 그 영향력을 유지하고 있는 가운데 이어진 시장 여건의 변화를 고려하면 규제 내용의 수정은 불가피한 만큼 그 자체를 비판하고자 하는 것은 아니다.

10) 서울대학교 경쟁법센터의 기업집단법제 개편을 위한 법·정책세미나 시리즈로 "동일인 및 기업집단의 범위 획정", 2022.6.13., "기업집단 범위 획정 및 지정기준·절차에 관한 입법적 개선방안의 구체화", 2022.9.30. 및 "기업집단 공시의무 및 정보제공의무의 주요 쟁점", 2023.4.20.; 한국공정경쟁연합회(이하 '연합회'), '공정거래법 전면개정 이후 대기업집단정책의 방향' 공정거래 전문가 간담회(지상중계), 2021.5. 참조.

정의 양상에 관한 정리를 통해 제도를 개관(Ⅱ)하고, 공시의 일반적 이해와 공정
거래법상 공시의 상이한 속성을 검토하는 동시에 주요 공시제도의 도입경과와
내용을 설명(Ⅲ)하고자 한다. 이 과정에서 공시제도 개선의 경과와 한계 요소를
도출(Ⅳ)하여 추가적 개선 사항을 제시(Ⅴ)하고자 한다.

Ⅱ. 공정거래법상 경제력집중 억제 제도의 개관

1. 경제력집중 억제 제도의 정책적 함의와 상이한 평가

공정거래법상 경제력집중 억제를 위한 규제체계 도입의 배경으로부터[11] 동
제도의 정책적 함의 역시 도출할 수 있다. 특히, '소수의 경제주체에게 경제력이
집중될 경우 시장경제의 핵심인 자유롭고 공정한 경쟁이 저해됨은 물론 효율적
인 자원배분이 어려워질 수 있다는 우려'는 일반집중의 관점에서 경제력집중이
앞서 언급한 재벌로 대표되는 대기업집단의 지배구조 등[12] 그 자체의 문제를 넘
어 국민경제 전반에 영향을 미칠 수 있음을 전제한다.[13] 이러한 맥락에서 일반집
중이 개별 시장에서의 경쟁은 물론 시장경제 시스템 전반에 부정적 영향을 미칠
수 있다는 우려로 인하여 기존의 경쟁법적 수단만으로 그 해결을 기대하기 어렵
다는 인식을 바탕으로 현재의 규제체계가 마련되었다는 지적은[14] 주목할 필요가
있다.

결국 동 규제체계는 정부주도 경제개발 시기의 정점을 지나면서 소수 대규모
기업집단에 경제력이 집중되는 현상이 심화되는 당시 상황에 대한 규범적 대응

---

11) 공정위, 앞의 40년사, 169－170면: "우리나라에서 경제력집중 문제의 핵심은 특정 개인 또는
   그의 친족 및 그의 직접적 통제 하에 있는 자들이 실질적으로 소유·지배하는 다수의 독과점
   적 계열기업들이 여러 시장 내지 산업에 걸쳐 다각화되어 있으면서 다른 독립기업에 비하여
   우월한 총체적 시장력을 갖는 복합적 기업집단을 이루고 있다는 것에 있다."
12) 대기업집단 개념에 관하여 신현윤·홍명수·강상엽, 「대기업집단 규제론」, 법문사, 2021, 21－22면.
13) 권오승, "경제력집중의 억제에 관한 연구", 「법조」 제68권 제6호, 법조협회, 2019.12., 13－16
   면;신현윤·홍명수·강상엽, 앞의 책, 17－20면; 연합회, 앞의 전문가 간담회(지상중계),
   2021.5., 10면(홍명수 교수 발언): "국민경제적 차원에서 일반집중 등의 의미를 갖는 경제력집
   중은 소수의 경제주체에게 자원과 그 활용 권한을 집중시킴으로써 국민경제 전체의 효율성을
   침해할 수 있다."; 이봉의, 앞의 책, 516면: "재벌의 경제력집중은 자원배분의 비효율성뿐만 아
   니라 국민경제의 균형 있는 발전이나 민주적인 정치·사회체제를 위태롭게 한다는 차원에서
   접근할 필요가 있다."
14) 이봉의, 앞의 책, 517면.

의 산물로 볼 수 있으며, 경제력이 소수 기업 내지 기업집단에 집중된 구조와 그 확대 가능성을 차단하기 위한 정책적 목적이 반영되었음을 알 수 있다. 다만, 정 권에 따라 그 정책적 기조의 변화가 있었으며,[15] 경제력집중을 억제하기 위한 공 정거래법상 법제도적 장치의 실효성과 정당성에 대한 부정적 내지 회의적 시각 은 물론 각 규제 수단에 대한 상이한 평가가 여전히 존재한다는 점 역시 유념할 필요가 있다.[16]

2. 경제력집중 억제를 위한 공정거래법령 제·개정의 양상

1986.12.1. 공정거래법은 출자총액제한 및 상호출자제한 제도 등을 도입하면 서 "기업으로 하여금 무리한 기업 확장보다는 내실 있는 기업성장에 주력하도록 유도함으로써 대규모기업집단에의 과도한 경제력 집중 현상을 억제하고 국민경 제의 활력 제고 및 균형발전을 도모"를 첫 개정의 주된 이유로 밝힌 바 있다.[17] 당시 이와 관련하여 위헌 논란이 있었으나 1987.10. 제9차 헌법 개정(제119조 제 2항 관련)으로 일정 부분 논란이 해소되었다.[18]

공정거래법 제정 이래로 현재까지 총 65회의 개정(타법개정 31회 포함)이 이루 어졌고 그 과정에서 경제력집중 억제 관련 사항이 포함된 경우가 대략 16차례이 며, 동법 시행령 역시 71회 개정(타법개정 33회 포함)되는 가운데 경제력집중 억 제 관련 사항이 포함된 경우가 대략 24차례에 이르는 등 동 규제 체계의 근거 법

---

15) 홍명수, 「재벌의 경제력집중 규제」, 경인문화사, 2006, 156면 이하; 이창민·조재민, "공정거래 법상 경제력집중 억제시책의 정권별 변화와 일반집중, 시장집중, 소유집중과의 연관성", 「법 경제학연구」 제12권 제3호, 2015, 한국법경제학회, 393−405면.

16) 이른바 '기업집단법' 내지 '기업집단법제'에 대한 회사법, 상법 또는 공정거래법적 관점에서의 인식 내지 시각 차이에 관하여는 천경훈, "실질적 의미의 기업집단법, 그 현황과 과제", 「경제 법연구」 제15권 제3호, 한국경제법학회, 2016, 5−6면(각주 9: 기업집단에 관한 다수의 규정 을 공정거래법에 마련하고 있는 점에 대한 부정적 견해를 제시한 기존 논문−이철송, "대규모 기업집단법제의 법리적 평가," 「상사법연구」 제35권 제3호, 한국상사법학회, 2016, 33면 및 최준선, "주요국의 기업집단 지배구조에 대한 비교분석", 「비교사법」 제23권 제4호, 한국비교 사법학회, 2016, 1406면). 공정거래법상 기업집단 규제가 회사법의 기능을 대신하고 있다는 견해로 신영수, "공정거래법상 대기업집단 규제 개편의 배경과 의미 그리고 남겨진 과제", 「 경쟁법연구」 제38권, 한국경쟁법학회, 2018, 8−9면.

17) 법률 제3875호 「독점규제 및 공정거래에 관한 법률」, 1986.12.31. 개정(1987.4.1. 시행).

18) 1987년 제9차 헌법 개정에 있어서 제119조 제2항 이른바 경제민주화 규정의 입법 경과에 관 하여는 노진석, "경제민주화 정책에 대한 헌법적 평가", 「입법과 정책」 제7권 제1호, 국회입법 조사처, 2015.6., 282−290면. 제9차 헌법 개정으로 경제민주화 조항이 마련되었으나 재벌을 중심으로 한 경제력 집중 문제는 여전히 지속되고 있다는 평가로 박상인, "재벌개혁과 건강한 시장경제", 서울대학교 시장과 정부 연구센터, 2013.12., 78−82면 참조.

령에 대한 개정 시도 자체는 지속적으로 이루어졌다.[19)]

　이처럼 수차례 이루어져 온 법 개정의 취지와 구체적 입법 사항을 살펴보면, 당시 대기업집단을 둘러싸고 제기된 경제력집중 관련 현안과 함께 남북경제교류 활성화, 지방경제활성화, 사회간접자본시설에 대한 민간투자사업 확대, 공기업 민영화 대상 회사의 인수 및 외국인투자 유치, 중소·벤처기업에 대한 투자유인 제고 등 경제력집중 억제와 다소 거리가 있는 정부의 정책 목적을 당해 규제를 통해 달성하고자 한 것은 아닌지 의문을 갖게 한다. 동시에 동 규제체계 관련 입법이 출자총액제한, 대기업집단 편입 유예 등 규제 수단 자체의 강화와 완화를 반복 또는 조정하는 방향으로 이루어져 왔음을 알 수 있다.[20)]

3. 경제력집중 억제 제도의 체계와 개별 규제방식에 대한 이해

　이하에서 보는 바와 같이 공정거래법은 대규모기업집단 시책의 형태로 신규 순환출자금지제도, 상호출자금지제도, 채무보증제한제도, 지주회사제도, 금융보험사의 의결권 제한제도, 총수일가의 사익편취행위규제, 공시·공개제도의 규범적 근거를 마련하고 있다.[21)]

---

19) 공정거래법 및 동법 시행령 제·개정 현황은 2023.8.21. 기준이며, 공정거래법 전부개정(법률 제17799호, 2020.12.29. 공포, 2021.12.30. 시행)과 그에 따른 개정을 포함한 최근 세 차례 시행령 개정(시행령 제32274호, 제33140호 및 제33494호)은 대기업집단 규제체계 개편과 관련하여 주목할 만한 내용을 담고 있다. 관련한 상세 분석은 최난설헌, "공정거래법 전부개정의 의미와 주요 쟁점-기업집단 규율 법제를 중심으로", 「상사법연구」 제40권 제1호, 한국상사법학회, 2021 참조.

20) 유영국, "기업집단 범위 획정 및 지정기준·절차에 관한 입법적 개선 방안의 구체화" - 토론문(미공간), 서울대학교 경쟁법센터 법·정책세미나, 2022.9.30., 74면.

21) 공정거래법상 경제력집중 억제를 위한 수단의 사전 및 사후적 규제 구분에 의하면 부당지원행위의 금지와 이른바 총수 등 특수관계인에 대한 부당한 이익제공의 금지를 제외하고는 사전 규제적 성격의 수단이 대부분이다. 이봉의, 앞의 책, 518-519면.

[자료] 공정거래위원회 웹페이지

이러한 규제체계는 경제력집중 억제를 위한 개별규제의 집합체로서 이를 구성하는 각각의 제도는 동 체계 전반의 맥락에서 그 제도적 의의가 이해되어야만 한다. 따라서 공시가 어떤 기능을 하고 있으며 그 제도적 지위와 함의는 무엇인지에 관하여 경제력집중 억제라는 제도의 핵심 목적과 규제체계 전반의 관점에서 살펴볼 필요가 있다.

Ⅲ. 공정거래법상 기업집단 공시의 속성과 주요 제도

1. '공시'의 일반적 이해와 공정거래법상 공시의 상이한 속성 : '기업집단에 대한 시장감시'

'공시'(公示)의 사전적 의미는 일정한 내용을 공개적으로 게시하여 일반에게 널리 알림 또는 그렇게 알리는 글이다. 이처럼 공시는 '일정한 내용에 대한 공개적 게시'를 의미하는 것으로 그 목적에 따라서 명칭과 공개 내용 등을 달리할 수 있다.

이러한 맥락에서 기업이 기업과 이해관계가 있는 기업 내·외부 이해관계자와 일반인들에게 기업의 각종 법률·비법률적 사실 내용을 공개적으로 알리는 이른바 '기업공시'는[22] 그 대표적 예가 될 수 있다. 이는 주주, 일반투자자 및 채권자 등 이해관계자들에게 기업 관련 정보를 제공함으로써 기업의 실체에 대한 정확한 파악을 용이하게 함으로써 정보의 불균형 내지 불확실성에 따른 우려를 제거하여 합리적 의사결정을 가능하도록 하는 데 목적을 두고 있다.[23]

반면 이러한 공시의 일반적 의미와 기능, 대표적 공시제도의 목적 등과 비교해 보면 공정거래법상 공시는 '이해관계자를 비롯한 일반(一般)'을 대상으로 한 정보제공 내지 알림의 성격은 상대적으로 약한 것으로 볼 수 있다. 이는 동 법상 공시의 목적이 '기업집단에 대한 시장감시(market monitor)'에 있기 때문으로, 공정거래법상 공시 즉 기업집단 정보 제공의 주된 대상이 경쟁당국으로 사실상 한정되는 결과로 이어진다. 이러한 이유로 공정거래법상 공시의 경우 공시항목에 대한 세부적 내용과 적정성 여부보다는 공정거래위원회(이하 '공정위')의 기업집단 지정결과와 그에 따른 규제 수준에 이목이 집중되는 경향을 보인다.

2. 공정거래법상 주요 공시의 법적 근거와 입법 양상 : '공시의무의 확대 경향'과 '자율성에 대한 정책적 강제'

공정거래법 제31조 제1항은 공정위가 동법 시행령으로 정하는 바에 따라 산정한 자산총액이 5조 원 이상인 기업집단을 시행령으로 정하는 바에 따라 공시대상기업집단으로 지정하고, 지정된 공시대상기업집단 중 자산총액이 국내총생산액의 1천분의 5에 해당하는 금액 이상인 기업집단을 대통령령으로 정하는 바에 따라 상호출자제한기업집단으로 지정하도록 규정하고 있다.[24] 그리고 이렇게 동조 제1항 전단 및 동법 시행령 제38조에 따라 지정된 공시대상기업집단 소속 회사는 공정거래법 제26조 내지 제29조에 따른 공시 의무를 부담하는 동시에 법 제47조에 따른 특수관계인에 대한 부당한 이익제공금지 등의 적용 대상이 된다.

---

22) 김문현 외 3인, "한·미·일 공시제도의 현황 및 비교", 한국증권연구원, 2001.7., 3면.
23) 홍대식, "공정거래법 전면 개편에 대한 제언: 기업집단법제를 중심으로", 「경쟁저널」 제195호, 2018.5., 15면; 강태균·정호일, "우리나라 공시 제도의 현황과 발전방안", 「경영사학」 제30집 제4호, 한국경영사학회, 2015.12., 309-310면.
24) 현행 공정거래법은 자산규모에 따른 기업집단 지정 방식을 유지하면서 2017.7.19. 법 개정으로 통해 자산규모에 따른 규제 차등화가 시작되었다.

- 대규모내부거래의 이사회 의결 및 공시 (제26조)　　　　2000년　　↓　　공시의무의
- 비상장회사 등의 중요사항 공시 (제27조)　　　　　　　 2005년　　↓　　확대 경향
- 기업집단 현황에 관한 공시 (제28조 제1항)　　　　　　2009년　　↓　　＋
- 국외계열사 현황에 관한 공시 (제28조 제2항)　　　　　2021년　　↓　　시장참여자의
- 특수관계인인 공익법인의 이사회 의결 및 공시 (제29조)　2021년　　↓　　자율성에 대한
　　　　　　　　　　　　　　　　　　　　　　　　　　　　　　　　　　　정책적 강제

　　현행 공정거래 관련 공시제도는 총 여섯 가지로 「하도급거래 공정화에 관한 법률」(이하 '하도급법') 제13조의3에 근거를 두고 2023.1.12. 시행된 '하도급대금의 결제조건 등에 관한 공시'를[25] 제외한 다섯 가지 제도가 시행 중에 있으며, 위에서 보는 바와 같이 2000년 이후 최근까지 기업집단의 공시의무가 확대되는 방향으로 입법이 이루어졌다.

　　당초 공정위는 기업지단 공시제도 도입의 효과로서 '시장참여자에 의한 자율적 감시기능을 강화'를 제시한 바 있으나, 공시의무의 위와 같은 확대 경향에 비추어 보면 시장참여자의 자율성이 경쟁당국에 의해 정책적으로 강제되는 것은 아닌가 하는 의문이 제기될 수 있다.

3. 기업집단 지정의 제도적 속성 : '규제를 위한 출발점'

　　공정거래법상 공시는 공시에 관한 입반적 이해를 넘어 규제 목적이 강하다. 이러한 평가는 경제력집중 억제를 위한 규제체계를 구성하는 하나의 독자적 제도로서 공시가 추구하는 고유한 목적에 더하여 다른 법·정책 등의 집행을 위한 전제의 제공을 그 실질적 기능으로 하기 때문에 가능하다. 이는 앞서 예시한 기업공시와의 본질적 차이를 설명하는 핵심이기도 하다.

　　이로써 기업집단 지정을 위한 공정거래법상 공시, 무엇보다도 공시대상기업집단 지정은 그 기능적 속성상 '규제를 위한 규제'라는 지적이 가능한 동시에 이를 바라보는 경쟁당국과 기업(집단)의 시각은 분명한 차이를 보일 수밖에 없다.

---

25) 하도급거래를 하는 대기업집단 소속 회사(공시대상원사업자), 즉 공정거래법 제31조 제1항 전단에 따라 지정된 공시대상기업집단에 속하는 회사로서 하도급법 제2조 제2항에 따른 원사업자인 자는 지급수단, 지급금액, 지급 기간, 분쟁조정기구 등에 관한 사항을 공시하여야 한다. 공정위, "하도급대금 공시제도 시행을 위한 세부 기준 고시 제정(안) 행정예고", 2022.11.14. 보도자료.

요컨대 기업집단의 입장에서 공시대상기업집단 지정은 기존과는 다른 수준의 시장감시 규제 대상으로 포섭,[26] 즉 규제환경의 변화라는 현실적 의미를 가질 수 있는 반면 경쟁당국으로서 공정위의 관점에서 동 지정은 규제 대상 기업집단의 범위 도출이라는 경제력집중 억제 시책이라는 정책 추진을 위한 출발점이라는 기능적 의미를 가질 수 있다.

4. 공정거래법상 공시제도의 도입 경과와 주요 내용

(1) 대규모내부거래의 이사회 의결 및 공시

공정거래법 제26조 및 동법 시행령 제33조는 특수관계인을 상대로 하거나 특수관계인을 위하여 거래금액이 50억 원 이상이거나 그 회사의 자본총계 또는 자본금 중 큰 금액의 5% 이상의 자금, 유가증권, 자산, 상품이나 용역 제공 또는 거래하는 행위를 하고자 할 경우 미리 이사회 의결을 거친 후 공시(상장사 1일, 비상장사 7일 이내)하도록 하는 이른바 '대규모 내부거래 공시'에 관하여 규정하고 있다.

공시대상기업집단에 속하는 국내회사가

특수관계인을 상대방으로 하거나 특수관계인을 위하여*
* 상품·용역거래의 경우 동일인 및 친족 출자 계열회사를 상대방으로 하거나 그 회사를 위하여

50억 원 또는 자본금·자본총계 중 큰 금액의 5% 이상의

자금, 자산, 유가증권 및 상품·용역을 거래하고자 하는 경우

미리 이사회 의결을 거치고 공시해야 함

[자료] 공정위, 2023년 대기업집단 설명회 자료, 2023.5.10.,52면.

---

26) 연합회, 앞의 전문가 간담회(지상중계), 8-9면(정중원 고문 발언), 11-12면(박성범 변호사 발언).

다만, 경제규모 확대 등 거래 현실을 반영하기 위하여 공시대상 내부거래의 기준금액 상향 및 소규모 내부거래를 적용대상에서 제외하도록 한 개정 시행령 제33조가 2024년부터 시행되는 점은 유념할 필요가 있다.[27]

기업집단 소속 계열회사 간 거래, 소위 내부거래는 기업집단에 내제된 본질적 현상으로 볼 수 있다.[28] 다만, 당해 거래가 상당한 규모로 부실한 계열회사 지원을 통해 시장에서의 퇴출을 인위적으로 저지하고자 하거나 지원 대상 회사가 속한 시장의 공정한 경쟁이 제한되는 등의 경우에는 공정거래법상 규제가 요구된다.[29]

공정위는 우량기업의 핵심역량 약화, 기업집단 전체의 동반부실초래 등 계열회사 간 부당한 내부거래로 인하여 국민경제적 폐해가 상당하고 다양한 방식으로 은밀하게 이루어지기 때문에 이를 근절하기 위한 사후적인 조사·시정과 함께 사전적 방안이 요구된다고 판단하였다.[30] 이에 일정규모 이상의 내부거래에 대하여는 이사회 의결을 통하도록 함으로써 이사회의 책임 강화와 함께 사외이사에 의한 견제를 유도하는 동시에 공시를 통해 소액주주 및 채권자 등 이해관계인에 의한 감시가 가능하도록 하여 부당내부거래를 사전에 차단할 수 있도록 1999.12.28. 공정거래법 개정으로 동 공시제도를 도입(개정 시 법 제11조의2)하여[31] 2000.4.1. 시행하였다.[32]

---

27) 정부혁신 실행계획의 일환으로 추진되어 2023.1.16. 발표한 '대기업집단 공시제도 종합 개선방안'에 따라 경제규모 확대 등 현실에 맞게 대규모내부거래 이사회 의결 및 공시제도를 합리적으로 개선하기 위하여 공정위가 마련된 공정거래법 시행령 일부개정안이 2023.5.23. 국무회의를 통과하여 2024.1.1.부터 시행될 예정이다. 동 개정안은 현행 시행령 제33조를 개정하여 공시대상기업집단 소속 국내 회사들이 같은 기업집단 소속 회사들과 상품·용역 등을 거래(이하 '내부거래')할 때 대규모내부거래 이사회 의결 및 공시의 대상이 되는 기준금액을 50억원 이상에서 100억원 이상으로 상향 조정하였고, 5억원 미만에 해당하는 소규모 내부거래를 공시대상에서 제외하였다. 공정위, "대규모내부거래 공시 제도 합리적 개선", 2023.5.23. 보도참고자료.

28) 이봉의, 앞의 책, 569면.

29) 대규모내부거래의 판단기준에 관하여는 이봉의, 앞의 책, 570-572면,

30) 신동권, 「독점규제법」(제3판), 박영사, 2020, 357면. 공정거래법은 1997.4.1.부터 부당내부거래에 관한 규정을 신설하여 부당하게 특수관계인 또는 다른 회사에 대하여 가지급금, 대여금, 인력, 부동산, 유가증권, 무체재산권 등을 제공하거나 현저히 유리한 조건으로 거래하여 특수관계인 또는 다른 회사를 지원하는 행위를 금지하였다.

31) 법률 제6043호 「독점규제 및 공정거래에 관한 법률」, 1999.12.28. 일부개정(2000.4.1. 시행). 한편 당시 법 개정으로 대규모내부거래 공시에 더하여 대규모기업집단의 순환출자 억제를 위한 출자총액제한제도가 도입되었으며, 부당지원행위에 대한 제재수단의 실효성 확보를 위하여 과징금 부과한도 역시 상향조정된 바 있다.

(2) 비상장회사 등의 중요사항 공시

공정거래법 제27조 및 동법 시행령 제34조는 비상장회사의 소유지배구조 관련 중요 사항, 재무구조에 중요한 변동을 초래하는 사항 및 경영활동과 관련된 중요한 사항 등이 발생한 경우 이를 공시(공시 사유 발생 7일 이내)하도록 규정하고 있다.[33]

상호출자제한기업집단 소속 비상장회사들의 소유지배구조 및 경영활동 등이 시장에 드러나지 않으며 동일인 등 소수의 주주에 의하여 운영됨으로써 시장투명성이 저해될 수 있고,[34] 비상장회사는 일반적으로 상법상 주주고지의무 등을 제외하고는 특별한 공시의무를 지고 있지 않은 상황에서 대기업집단 소속 비상장회사는 일반 독립 비상장회사와 달리 기업집단 내 다른 상장회사와 복잡한 출자관계로 얽히면서 계열회사 간 상호지원이나 부당한 내부거래 가능성이 상대적으로 높기 때문에 시장감시 기능 강화가 요구되는 점이 이른바 '비상장회사 공시' 제도 도입의 배경이 되었다.

이는 비상장회사의 불투명한 경영행태가 동일집단 상장회사의 소액주주 및 이해관계자에게 피해를 초래할 수 있다는 우려를 전제한 것으로 공정위는 동 공시제도 도입을 통해 대규모기업집단의 소유지배구조 개선과 함께 경영투명성 제고를 기대할 수 있다고 보았으며,[35] 2004.12.31. 공정거래법 개정으로 동 공시제도를 도입(개정 시 법 제11조의3)하여[36] 2005.4.1. 시행하였다.[37] 한편, 당시 법

---

32) 동법 및 동법 시행령의 관련 규정의 시행과 함께 대규모내부거래 이사회 의결 및 공시의 방법, 절차, 시기에 관한 세부적 사항을 정하기 위하여 2000.4.1. 「대규모내부거래 등에 대한 이사회 의결 및 공시에 관한 규정」(고시 제2000-2호)을 제정·시행한 바 있다. 동 고시는 비교적 최근인 2021.8. ① 거래 취소 시 상대방의 이사회 의결 면제, ② 약관에 의한 금융거래 시 일상적인 거래분야의 정의를 명확화, ③ 약관에 의한 금융거래 특례 중 분기별 이사회 일괄의결 적용 범위를 확대 등을 내용으로 개정된 바 있다(공정위, "공정위, 공시규정 개정으로 기업 부담은 줄이고, 특례 대상은 확대", 2021.8.18. 보도참고자료).

33) 비상장회사 공시의 주체는 공시대상기업집단 소속회사 중 자산총액 100억원 이상 비상장사(100억 원 미만이더라도 사익편취 규제대상 회사는 포함)이다.

34) 공정위는 이와 관련하여 2004.4.1. 기준 상호출자제한기업집단 소속 전체회사(803개사 - 금융·보험사제외) 중 비상장사가 79.58%(639개사)를 차지한다고 밝힌 바 있음. 공정위, "대기업집단소속 비상장회사 등의 중요사항 공시제도 시행", 2005.3.31. 보도자료.

35) 공정위, 2005.3.31. 보도자료, 4면; "대규모기업집단현황 공시제도 실무 매뉴얼", 2011.4., 64면.

36) 법률 제7315호 「독점규제 및 공정거래에 관한 법률」, 2004.12.31. 일부개정(2005.4.1. 시행)

37) 동법 및 동법 시행령의 관련 규정의 시행에 따라 공정위는 당시 비상장회사 등의 중요사항 공시제도 운영과 관련된 세부사항을 정한 「비상장회사 등의 중요사항 공시에 관한 규정」(고시 제2005-4호)을 제정·시행한 바 있다.

122   제2편   대기업집단의 지정 및 공시의무

개정으로 지주회사에 대한 행위제한 및 투명성 높은 기업 등에 대한 출자총액제
한 예외 및 금융보험사의 의결권 행사한도 축소를 위한 규정이 함께 마련된 바
있다.

(3) 기업집단 현황에 관한 공시

공정거래법 제28조 제1항, 동법 시행령 제35조 제1항 및 제7항은 공시대상기
업집단에 속하는 국내 회사의 일반현황, 재무·손익현황, 임원·이사회 운영현황,
소유·지분현황, 상품 또는 용역거래 현황 등을 연 1회 공시(5월 31일)하고, 계열
사간 주식소유현황, 특수관계인과의 자금·유가증권·자산거래 현황 등 분기 1회
공시(매 분기 종료 후 2개월 이내)하도록 규정하고 있다.[38]

소위 '기업현황 공시'는 그 존폐를 거듭하던[39] 사전적 총량규제로서 출자총액
제한제도를 폐지하여 기업의 투자유인을 높이고,[40] 시장참여자에 의한 자율적 감
시기능을 강화하기 위해서 상호출자제한기업집단 소속회사가 기업집단의 일반현
황, 임원 및 이사회 등 운영현황, 주식소유현황, 특수관계인과의 거래현황 등을
공시하도록 2009.3.25. 공정거래법 개정으로 도입·시행(개정 시 법 제11조의4)된
제도이다.[41]

주지한 바와 같이 공정위는 상호출자금지가 직접적 상호출자만을 규제 대상
으로 하고 간접적 상호출자 또는 순환적 출자를 규제하지 않아 이를 보완하기 위
하여[42] 1986년 도입되어 1998년 폐지 후 2001년 재도입된 바 있는 출자총액제
한제도를 2009년 최종 폐지하였다.[43] 그러면서 사전규제 완화로 인한 우려를 방

---

38) 기업집단현황 공시의 주체는 공시대상기업집단 소속회사 및 동일인이다.
39) 공정위, 앞의 40년사, 80면: "출자총액제한제도는 출자의 목적이나 내용을 묻지 않고 일정한
기준에 따라서 출자총액을 형식적으로 제한하는 것이기 때문에, 규제의 타당성이나 실효성
에 많은 의문이 제기되었고, […]" 및 출자총액제한제도의 변천에 관하여는 81면 <표 14>
참조.
40) 신동권, 앞의 책, 368-369면; 공정위, "친족범위 축소 등 공정거래법 시행령 개정(안) 입법예고
– 출총제 폐지의 시행과 기업집단공시제도 도입을 위한 제도를 마련", 2009.3.25. 보도자료.
41) 법률 제9554호 「독점규제 및 공정거래에 관한 법률」, 2009.3.25. 일부개정(2009.3.25. 시행);
공정위, 앞의 40년사, 18면. 공정위는 동 개정으로 '대규모기업집단에 대한 사전적이고 직접적
인 규제 방식에서 시장의 자율적 통제를 중시하는 사후적·시장친화적 방식으로 전환이 이루
어졌다'는 평가를 내린 바 있다.
42) 공정위, 앞의 40년사, 80면.
43) 공정위, 공정거래백서, 2010, 20-11면: "시장개방과 글로벌 경쟁의 심화 등에 따라 기업들의
경영행태가 차입을 통한 확장경영에서 수익성 위주로 변화하면서 이 제도는 기업활동을 사전
적으로 과다하게 제한하는 정부규제의 상징으로 인식되게 되었다."

지하기 위하여 충분한 정보 제공을 통해 자율적인 시장감시가 가능할 수 있는 기반을 마련한다는 맥락에서 기업집단현황공시를 도입하여[44] 기업 스스로 기업집단 전체의 정보를 일목요연하고 포괄적으로 공개하고 그에 대한 책임을 지도록 하였다.[45]

(4) 국외계열사 현황에 관한 공시

공정거래법 제28조 제2항 및 동법 시행령 제35조 제3항 이하는 동일인이 단독으로 또는 다른 친족과 합하여 20% 이상 지분을 소유하거나, 국내 계열회사의 주식을 직·간접적으로 소유한 국외 계열회사의 일반, 주주, 출자현황을 년 1회(5월 31일까지) 공시하도록 규정하고 있다.[46]

기존에는 국외계열사 관련 현황이 충분히 공시되지 않아[47] 시장감시가 적절히 이루어지 못한 측면이 있어, 국내 계열회사의 주식을 소유하고 있는 국외 계열회사의 주주현황, 출자현황 등에 대한 공시를 의무화하는 규정이 2020.12.29. 공정거래법 전부개정을 통해 마련되었다.[48]

이에 따라 총수일가 지분율이 20% 이상인 국외계열사의 경우 국외계열사의 명칭, 대표자의 성명, 소재국, 사업내용 등 일반현황과 주주현황을 공시하여야 하며, 국내 계열사에 직·간접 출자한 국외계열사의 경우 앞서 지분율 20% 이상인 경우의 공시사항에 더하여 국내외 계열회사에 대한 출자현황, 순환출자현황을 공시하여야 한다.[49] 다만, 친족만이 출자한 경우로서, 국내 계열회사를 직·간접

44) 이와 관련하여 「공시대상기업집단 소속회사의 중요사항 공시에 관한 규정」(현행 고시 제 2023-3호) 참조. 동 고시는 기존의 「상호출자제한기업집단 소속회사의 중요사항 공시에 관한 규정」이 2017.4.18. 공정거래법 개정(7.19. 시행)으로 경제력집중 억제 시책 관련 공시 규정 적용대상이 '상호출자제한 기업집단' 소속회사에서 '공시대상기업집단' 소속회사로 변경되면서 이를 반영하여 그 명칭을 변경한 것이다.

45) 공정위, 2009.3.25. 보도자료, 3면; 앞의 공시제도 실무 매뉴얼, 2011.4., 3-4면.

46) 공시대상기업집단 동일인이 국외 계열회사 관련 현황에 대한 공시의무를 부담한다.

47) 공정위, "대기업집단 정책 설명회", 2023.5., 32면. 기존에는 국내계열사의 주주인 국외계열사 현황과 국내계열사가 최다출자자인 국외계열사 현황만 공시되었으며, ─ 「총수일가 → 국외계열사 → 국외계열사 → 국내계열사」 출자구조에서 「총수일가 → 국외계열사」, 「국외계열사 → 국외계열사 → 국내계열사」 출자관계를 파악하기 곤란하였다. 실제로 해외계열사, 비영리법인을 통한 총수일가의 그룹 우회 지배사 문제된 바 있다. 경향신문, "총수일가, 해외계열사·비영리 법인 통해 그룹 우회 지배", 2023.10.6. 기사; 아시아경제, "총수 일가, 국외계열사 통한 그룹 지배 여전", 2023.10.3. 기사 등.

48) 법률 제17799호 「독점규제 및 공정거래에 관한 법률」, 2020.12.29. 전부개정(2021.12.30. 시행)

49) 공정위, 앞의 설명회 자료, 33면('국내회사에 직·간접 출자한 국외 계열회사 예시' 참조).

으로 소유하지 않고 1년간 직·간접 거래관계가 없는 국외 계열사에 대해 친족이 정보제공을 거부한 경우에 해당 공시사항(총수일가 지분율이 최대 20% 이상인 국외 계열사 한정)이 제외될 수 있다. 또한 계열회사 소재국 법률에서 회사의 주주에 관한 정보의 제공 또는 그 공시를 금지하는 경우에 있어서는 주주현황만 공시가 면제되며, 동일인의 의식불명, 실종선고, 성년후견 개시 결정, 그 밖에 이에 준하는 사유로 동일인이 공시하는 것이 사실상 불가능한 경우 공시 제외될 수 있다.[50]

한편 제도 시행 이후 공정위는 2022년 공시대상기업집단 주식소유현황을 분석하여 총수 있는 기업집단(66개) 중 12개 집단의 총수일가가 38개 국외계열사에 대해 20% 이상 지분을 보유하고 있고, 이 중 9개 집단의 21개사는 총수일가가 지분을 100% 보유하고 있음을 확인하여 국외계열사를 통한 지배력 유지·강화에 시장 감시 필요성을 확인한 바 있다.[51]

이러한 맥락에서 공정위는 2023.10.3. 공개한 2023년 공시대상기업집단 주식소유현황 분석 결과에 의하면,[52] 총수 있는 집단(72개) 중 13개 집단(18.1%)의 총수일가가 43개 국외계열사의 20% 이상 지분을 보유하고 있으며, 5개 집단의 경우 총수일가가 20%이상 지분을 보유한 11개 국외계열사가 국내계열사에 직·간접 출자하고 있음을 확인하였다.[53] 한편, 공시대상기업집단(82개) 중 27개 집단(모두 총수 있는 집단) 소속 108개 국외계열사가 84개 국내계열사에 직·간접 출자하고 있는 것으로 분석되었다.[54]

※ 간접출자: 국내계열회사의 주식을 직접 소유하고 있는 **국외계열사(작접출자 국외계열사)의 주식**을 하나 이상의 **국외계열사 간 출자**로 연결하여 소유하는 것을 의미

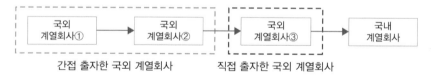

간접 출자한 국외 계열회사   직접 출자한 국외 계열회사

50) 공정위, 앞의 설명회 자료, 33면.
51) 공정위, "2022년 공시대상기업집단 주식소유현황 분석·공개", 2022.9.7. 보도자료, 8-9면. 23개 집단의 89개 국외계열사가 66개 국내계열회사에 직·간접적으로 출자하고 있음을 밝힌 바 있다.
52) 공정위, "2023년 공시대상기업집단 주식소유현황 분석·공개", 2023.10.3. 보도자료.
53) 공정위, 2023.10.3. 보도자료, 12-13면.
54) 공정위, 2023.10.3. 보도자료, 13면.

(5) 공익법인의 이사회 의결 및 공시

공정거래법 제29조 및 동법 시행령 제36조는 공익법인이 국내 계열회사의 주식을 취득·처분하거나, 특수관계인과 50억원 이상이거나 그 공익법인의 순자산총계 또는 기본순자산 중 큰 금액의 5% 이상의 자금·유가증권·자산 등의 거래를 하고자 할 경우 미리 이사회 의결을 거친 후 공시하여야 하도록 규정하고 있다.

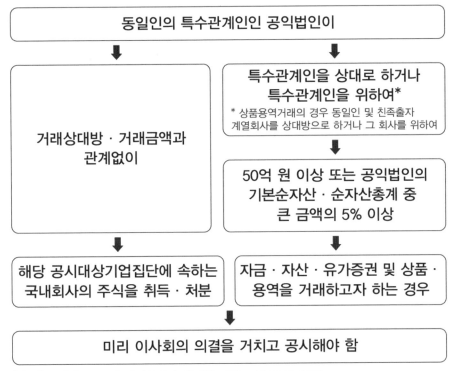

[자료] 공정위, 2023년 대기업집단 설명회 자료, 2023.5.10.,52면.

다만, 앞서 설명한 2024년 시행 예정 대규모 내부거래의 이사회 의결 및 공시 개정과 동일한 이유와 내용으로 동법 시행령 제36조가 개정된 점은 유념할 필요가 있다.[55]

공정위는 2018.7. 대기업집단 소속 공익법인 운영실태를 분석한 결과를 통해

---

55) 공정위, 2023.5.23. 보도참고자료.

해당 공시대상기업집단 동일인의 특수관계인이 공익법인의 경우, 「상속세 및 증여세법」 상 공익법인이 기업집단에 대한 지배력과 관련된 회사 주식을 집중 보유하고 의결권을 적극 행사함으로써 공익법인이 총수일가의 지배력 확대와 경영권 승계 등의 수단으로 악용될 가능성이 상당하고 그 공익법인 수가 점점 증가함에 따라 사전 예방이 요구된다고 판단한 바 있다.[56]

이에 따라 공시대상기업집단에 소속된 공익법인의 의결권을 제한하는 규정이 2020.12.29. 공정거래법 전부개정을 통해 마련되면서,[57] 이사회 책임을 강화하는 동시에 공시를 통한 이해관계인의 감시가 가능하게 되었다. 한편, 위에서 언급한 2022년 공시대상기업집단 주식소유현황 분석에서 비영리법인(공익법인 포함)을 활용한 계열 출자 사례가 늘어나는 추세가 확인되면서 공익법인을 통한 지배력 유지·강화에 대한 시장감시 필요성의 근거가 되기도 하였다.[58]

Ⅳ. 공정거래법상 공시제도 개선의 경과와 한계

1. 공정거래법상 공시제도 개선의 경과

공정거래법상 공시제도에 대한 지속적 개선 요구에 의하여 관련 규정의 개정이 수차례 거듭되었으며[59] 최근의 관련 제도 개선 시도는 늦었지만 종래의 변화에 비하면 적어도 포괄적으로는 보여진다.

공정위는 2023.1. 주요업무 추진계획을 통해 '대기업집단 제도의 합리적 운영'을 위한 세부 추진사항으로 '정책환경 변화에 따른 대기업집단 시책 합리화'를 제시한 바 있으며, 그 주요 골자는 '공시대상기업집단 지정기준의 합리적 조정'과 '정보 효용성은 높이고 기업부담은 낮추는 공시제도의 개선'이었다.[60] 전자는 경

---

56) 공정위는 대기업집단 소속 공익법인이 총수일가의 편법적 지배력 확대, 경영권 승계 및 부당지원, 사익편취 등에 이용되고 있다는 그간의 지적에 따라 제도개선 여부의 판단을 위하여 대기업집단 소속 「상속세 및 증여세법」 상 공익법인(165개)을 대상으로 2016년말 기준 ① 일반현황, ② 설립현황, ③ 지배구조, ④ 운영실태 등을 파악한 후 전체 공익법인(9,082개)과 비교 분석('17.12.20.~'18.3.16.)하여 2018.7. '대기업집단 소속 공익법인의 운영실태에 대해 조사·분석한 결과'를 발표한 바 있다. 이와 관련하여 공정위, "대기업집단 소속 공익법인 운영실태 분석 결과", 2018.7.2. 보도자료 참조.

57) 법률 제17799호 「독점규제 및 공정거래에 관한 법률」, 2020.12.29. 전부개정(2021.12.30. 시행)

58) 공정위, 2018.7.2. 보도자료, 2-3, 10면.

59) 경제력집중 억제 정책의 내용 및 입법적 측면의 개선 경과에 관하여는 홍명수, 「경제법론 Ⅴ」, 경인문화사, 2022, 169-181면; 신영수, 앞의 글, 4-7면.

제규모 성장 등 변화된 경제 여건에 따라 상호출자제한기업집단 지정기준의 정합성을 고려하여 기존의 자산총액 기준에서 벗어나 GDP 연동 또는 기준금액을 조정하는 동시에 예측가능성과 효율성 제고를 위한 동일인 판단기준·변경 절차 마련을 그 내용으로 하였다. 한편 공시 제도에 관한 후자의 경우, 내부거래 공시 대상 기준금액을 상향하고 소규모 내부거래는 제외하며 비상장사 임원변동 등 중복되거나 효용성이 상대적으로 낮은 항목은 정비하는 한편 빈번한 공시 주기는 합리적으로 조정하는 방향의 개선이 그 핵심이었다.

공 시	구 분	현 행	개 선
대규모 내부거래등 이사회 의결 및 공시	공시대상 기준금액 조정 (시행령)	• 50억원	• 100억원
		• (신설)	• 5억원 미만 거래 제외
기업집단 현황 공시	공시주기 조정 (중요사항 공시규정)	• 12개 분기공시 항목	• 8개 분기공시 항목 연공시로 전환 (4개 분기공시 항목)
	지배구조 관련 항목 재배치 (공시양식)	• 지배구조 관련 공시항목 산재(散在)	• 지배구조 공시항목 한 곳에 배치
	물류·IT 거래현황 (공시양식)	• 물류·IT서비스 매입액에 비계열사 포함	• 비계열사로부터의 매입액 미포함
비상장사 중요사항 공시	공시항목 간소화 (법)	• 임원의 변동 항목 분기별 공시	• 임원의 변동 항목 삭제
공시의무 위반 과태료 부과기준	과태료 감경기간 및 비율 확대 (2개 과태료 부과기준)	• 지연일수가 3일 이내인 경우 50% 감경	• 지연일수가 3일 이내 75%, 7일 이내 50%, 15일 이내 30%, 30일 이내 20% 감경
	경고로 대체 (법)	• 공시위반 경중에 관계없이 과태료 부과	• 경미한 공시의무 위반 정정시 경고로 대체

이상에서 보는 바와 같이 공시제도에 관한 개선은 '대규모내부거래 공시 제도

---

60) 공정위, "2023년 주요업무 추진계획", 2023.1.26., 10면.

의 합리적 개선'을 목표로, ① 변화된 경제여건을 반영한 기업 공시부담의 합리
적 개선, ② 공시제도 간 상호보완을 통한 시장감시 기능 유지, ③ 신속한 정정
유도를 통한 공시정보의 적시성·정확성 제고를 위하여 세 가지 공시제도에 관한
공정거래법 시행령 및 관련 고시 개정이 동시적으로 추진되었다.[61]

2. 공시제도 개선의 일관된 목표와 기업의 체감 부담 : 목표와 그 실행의 괴리

경제력집중 억제제도 전반의 관점에서 그 규제틀, 이른바 '1986년 체제'의 근
본적 변화 요구에 불구하고 실제 제도개선의 양상은 개별 내용의 조정에 그치는
한계를 노정하여 왔다. 특히, 공시제도에 있어서 개선의 목표와 그 실행에 있어
서 상당한 괴리가 있음을 확인할 수 있다.

공정위는 공시 제도의 개선마다 '공시정보의 효용성 제고'와 '기업의 공시 부
담 완화'라는 정책 목표를 일관되게 제시하여 왔다.[62] 물론 제시된 개선 목표로
만 보면 양 자는 인과적 관계에 있기도 하지만 상호보완적 작용을 통해 정책 목
표 달성의 기대가 가능할 수 있다.

구 분	2017	2018	2019	2020	2021	2022	2023
상호출자제한기업집단	31	32	34	34	40	47	48
공시대상기업집단	57	60	59	64	71	76	82

한편 이러한 맥락에서 '비상장회사의 공시 사항에서 임원 현황 및 그 변동사
항을 제외하고, 공시의무 위반 시 부과하는 과태료에 대한 면제 근거를 마련'하
기 위해 2024.2.6. 공정거래법 일부개정이 이루어진 바 있다.[63] 이에 공정위는 그
후속조치로 ① 경미한 공시의무 위반사항으로서 신속하게 자진시정한 경우 등에

---

61) 공정위, "대기업집단 공시제도 개선방안 발표 – 공정거래법 시행령 및 3개 고시 개정안 입법
   (행정)예고", 2023.1.16. 보도자료, 3면.
62) 기업의 입장에서 공시는 그 자체로 상당한 부담인 것이 사실이기 때문에 기업 부담의 완화는
   공정거래법상 공시제도만의 개선 목표는 아니며, 기업공시제도에 있어서도 기업 부담 경감은
   제도 개선의 주요한 목표가 된다. 금융위원회·금융감독원·한국거래소, "기업 부담은 줄이고,
   투자자 보호는 강화하는 기업공시제도 종합 개선방안", 2021.1.14. 참조.
63) 법률 제20239호 「독점규제 및 공정거래에 관한 법률」 2024.2.6. 일부개정(2027.2.7. 시행) ①
   공시대상기업집단 소속 회사 등의 공시의무 위반 시 그 시정 여부나 위반의 정도, 위반의 동
   기 및 그 결과 등을 고려하여 대통령령으로 정하는 바에 따라 과태료를 면제(제130조 제3항
   후단 신설) ② 비상장회사 공시사항 중 임원 현황 및 그 변동사항 제외(제27조 제1항 제1호).

대한 과태료 면제기준을 구체적으로 마련,[64] ② 10일 이내의 짧은 공시항목에 대하여 영업일 개념을 도입하여 공시기간을 설정,[65] ③ 공정거래법 개정으로 비상장회사의 공시 사항에서 임원 현황 및 변동사항이 제외됨에 따라 시행령 및 관련 고시 등 하위규정에서 당해 항목을 삭제하는 등[66] 시행령 및 고시 등 하위규정의 개정을 위한 입법 및 행정예고를 추진한 바 있다.

하지만 상호출자제한기업집단 내지 공시대상기업집단으로 지정되는 기업집

---

64) 공정위, 공정거래법 시행령 및 고시 개정안 입법예고, 2024.4.15. 보고자료, 5면. 시행령 별표 9. 다목 면제사유를 신설하여 ① 신규 지정·편입의 경우, ② 사소한 부주의나 오류 등을 자진 시정, ③ 기타 면제 사유를 규정함.

65) 공정위, 위 보도자료, 6면.

공시항목	현행	개정
(통상적인) 대규모 내부거래	• 이사회 의결 후 – 상장회사 : 1일 內 – 비상장회사 : 7일 內	• 이사회 의결 후 – 상장회사 : 3영업일 內 – 비상장회사 : 7영업일 內
금융·보험사에 대한 특례*	• 이사회 의결없음 – 분기종료 후 익월 10일 內	• 이사회 의결 없음 – 분기종료 후 익월 10영업일 內
금융·보험사가 아닌 내부거래 공시대상 회사에 대한 특례**	• 이사회 의결 후 의결내용 – 상장회사 : 1일 內 – 비상장회사 : 7일 內 • 분기중 실제 거래시 – 상장회사 : 1일 內 – 비상장회사 : 7일 內 • 단기금융상품*** 거래 – 상장·비상장회사 : 분기 　종료 후 익월 10일 內	• 이사회 의결 후 의결내용 – 상장회사 : 3영업일 內 – 비상장회사 : 7영업일 內 • 분기중 실제 거래시 – 상장회사 : 3영업일 內 – 비상장회사 : 7영업일 內 • 단기금융상품*** 거래 – 상장·비상장회사 : 분기 　종료 후 익월 10영업일 　內
비상장회사의 중요사항 공시****	– 사유 발생일부터 7일	– 사유 발생일부터 7영업일

* 금융·보험사가 해당회사의 영위업종 중 금융업 또는 보험업과 관련한 일상적인 거래분야에서 약관에 의한 대규모 내부거래를 하는 경우
** 공시대상회사 등이 계열 금융·보험사와 약관에 의한 금융거래를 하고자 하는 경우 미리 분기별로 일괄하여 이사회 의결을 거친 후 공시하고, 실제 거래시 재공시
*** 약관에 의한 금융거래행위 중에서 만기와 중도환매수수료가 없고 수시입출금이 가능한 금융상품
**** △ 재무구조에 중요한 변동을 초래하는 사항, △ 회사의 경영활동과 관련된 중요한 사항 등을 공시

66) 공정위, 위 보도자료, 7면.

단 수의 증가 추세를 감안하면 기업의 부담 경감 효과를 기대할 수 있는 전제 자체가 마련되지 못하는 것은 아닌가 하는 지적이 가능하다.

2020년	• 지주회사와 자손증손회사 간 경영관리 및 자문 용역거래 현황 (신설) • 지주회사와 자손증손회사 간 부동산 임대차 거래 현황 (신설) 등
2021년	• 계열회사와의 거래 작성기준(기간) 변경: 편입·제외일이 속한 전체 기간을 계열회사와의 거래기간으로 봄 • 임원, 이사회 운영, 주총 관련 제도 운영 현황 (개정: 전자투표제 의결권 행사비율 기재 등 작성항목 추가) • 계열회사 간 채무보증 현황 (개정: 자금보충약정 등도 포함) 등
2022년	• 계열회사 간 물류·IT서비스 거래 현황 (신설: 매출 및 매입, 계열 및 비계열) • 특수관계인인 공익법인과의 내부거래 현황 (신설) • 계열회사 간 상품용역거래 현황 (개정: 연간 거래금액 → 분기별 거래금액) 등

또한 공시사항의 신설이 지속되고 있는 기업집단현황공시 관련 최근 개정 경과를 보더라도 개선 목표에 부합하는 정책 추진이 이루어지고 있다고 보기 어려울 수도 있다.

이와 관련하여 대상상공회의소가 국내 76개 공시대상기업집단을 대상으로 실시하여 2023.4.5. 발표한 기업 공시의무 부담실태 및 개선과제 조사 결과는 주목할 만하다. 그에 따르면 최근 5년간 각종 기업 공시의무가 늘어나면서 현장에서 체감하는 업무부담이 증가('매우 증가' 29.0%, '다소 증가' 52.6%, '변화 없음' 18.4%)한 것으로 나타났다. 또한 향후 공시부담이 증가할 것으로 본다는 기업이 상당히 많은 것('매우 증가' 17.1%, '다소 증가' 56.6%, '변화 없음' 14.5%)으로 조사되었다.[67] 이는 공시제도 개선정책의 실효성에 대한 수범대상의 기대는 쉽게 제고되기 어려울 수 있음을 보여주는 근거가 될 수 있다.

---

67) 대한상공회의소, "기업 공시의무 부담실태 및 개선과제 조사", 2023.4.5. 보도자료. 이와 관련하여 대한상공회의소는 2023년 초 공정위가 8개 분기공시 항목을 연공시로 전환하는 등 공시부담 개선방안을 발표하였으나, 지난해부터 시행되는 세 가지 신규 공시제도와 조만간 도입되는 ESG 공시의무(2025년부터 자산 2조 원 이상 코스피 상장법인에 지속가능경영보고서 공시의무 부과)가 향후 기업부담에 대하여 부정적 영향을 미친 것으로 보인다고 설명하였다.

3. 공시제도 속성과 제도 개선의 한계

공시제도 개선을 위한 공정위의 정책적 노력에도 불구하고 공시주체로서 공시대상기업집단이 체감하는 긍정적 효과는 상대적이거나 충분하지 않을 수 있다. 이는 '규제체계 작동의 용이성 유지 등 정책적 요구'와 '공시 실무상 여전한 부담'이라는 경쟁당국과 기업 사이의 분명한 입장 차이를 그 바탕에 둔다. 앞서 설명한 바와 같이 공시의 제도적 속성상 이러한 간극은 쉽사리 좁혀지기 어려울 뿐만 아니라 제도 개선의 걸림돌로 작용할 여지가 있다. 공시제도 개선의 한계를 보다 자세히 살펴보면 다음과 같다.

먼저, 경쟁당국은 공시제도를 통해 하나의 규제체계를 작동시키기 위한 전제조건으로서 규제 대상범위를 도출하는 쉽지 않은 작업을 보다 용이하게 할 수 있다. 동시에 기업으로 하여금 다른 차원의 규제 적용의 출발점에 섰음을 직시하게 함으로써 그 자체로 잠정적 규제 효과를 기대할 수도 있다. 따라서 경쟁당국이 이러한 제도를 포기하거나 규제틀에 대한 근본적 변화를 위하여 적극적으로 나서는 것을 기대하기란 쉽지 않다. 게다가 기업집단 공시의 기능적 측면을 고려할 때 이를 유의미하게 대체할 수 있는 제도적 장치 제시가 현실적으로 어렵다는 점 또한 간과할 수 없다.

한편, 기업의 관점에서 상반된 부담, 즉 광범위한 기업정보 제공 자체에서 오는 부담과 공시 위반 등에 따른 경쟁당국의 규제에 대한 부담이 공존하기 때문에, 공시대상기업집단으로 지정된 기업은 그 접점을 찾아 효과적으로 대응해야만 하는 실무적 난제에서 벗어날 수 없게 된다.

게다가 경쟁당국은 시장의 자율감시를 공시제도 본연의 기능으로 이해하고, 시장참여자에 의한 자율적 감시기능 강화 등을 공시제도 도입의 취지로 밝힌 바 있다. 다만, 기업의 관점에서 그러한 도입 취지를 어느 정도 공감할 수 있을지는 알 수 없다. 그럼에도 불구하고 기업집단 공시를 수범 기업의 자율성을 전제·강조한 제도라고 한다면 제도 활용·준수에 대한 인센티브와 제재 수준의 합리화가 고려될 필요는 있다. 또한 이때의 자율의 대상을 공시주체로서 기업집단으로 본다면 감시를 위해서 요구되는 공시항목이나 방식을 결정함에 있어서 자율은 아니더라도 공시주체의 실무 여건 등이 충분히 반영될 가능성이 보장될 필요가 있는 만큼 이를 위한 제도적 개선이 요구된다.

V. 나가며

1. 공시대상기업집단 및 상호출자제한기업집단으로 지정되는 기업집단 수가 꾸준히 증가하는 상황이 기업은 물론 경쟁당국의 부담을 가중시키는 결과로 이어진다면 지정 기준 자체가 가지는 근본적 문제는 무엇이며 그 조정을 통해 규제대상 범위를 합리화하는 방안의 강구가 요구된다.

경제력집중 억제라는 규제 목적 관점에 볼 때 현행법상 공시대상기업집단 지정 지준으로서 자산총액 5조원이 가지는 실증적 정당성은 무엇인지는 여전히 의문이다. 게다가 전체 경제규모가 성장해 나아가는 동적 상황을 고려하면 당해 기준의 실질적 수준은 감소할 수 있다는 점을 부인하기도 어려울 것이다. 이러한 맥락에서 국민경제의 현실적 차원에서 '경제력집중 억제'라는 규제 목적을 달성할 수 있는 유의미한 기업집단의 범위는 과연 어디까지인지 도출하는 것이 문제 해결의 핵심이 될 것이다. 다만, 그 기준과 한계를 정확히 도출하는 것은 불가능에 가까울 정도로 상당히 어려운 과제라는 점 또한 부인하기 어렵다.

그럼에도 불구하고, 경제력집중 억제 관점에서 상호출자제한기업집단 지정기준의 분모를 GDP로 변경한 상황에서 공시대상기업집단 지정 기준은 여전히 고정값으로 둠으로써 경쟁법·정책적 관점에서 기대되는 특별한 이유가 있는지 명확히 밝힐 필요는 있다. 만약 그와 같은 기준 설정의 이유가 있다면 당초 기대한 효과는 현실화 되고 있는지 여부의 검토가 이루어져야 한다. 이러한 맥락에서 사업규모 확대로 인하여 공시대상기업집단으로 지정되고 나면 사업규모가 줄어들기 전까지는 규제대상에서 벗어날 방법이 없는 기준 자체의 경직성에 대한 지적은[68] 개선 방안 마련의 기본 방향을 정함에 있어 중요한 의미를 가진다.

한편, 지정 기준을 조정함에 있어서 그 기준의 상향은 규제대상 범위의 축소로 이어지지만, 이것이 국민경제 차원의 경제력집중의 실질에 보다 부합할 수 있는 기준일 수 있고, 무엇보다도 실제 경제력 집중 우려를 낳을 수 있는 거대기업집단에 초점을 맞춤으로써 규제의 실효성을 기할 수 있다는 점에서도 긍정적이라는 지적[69] 역시 유념할 필요가 있다.

---

68) 홍대식, 앞의 글, 15면.
69) 연합회, 앞의 전문가 간담회(지상중계), 21－23면(홍명수 교수 발언).

2. 현행 공시 절차는 대략 '기업집단의 Dart 공시' → '기업집단의 공시점검 자료 제출' → '공정위의 점검결과 발표'로 이루어진다. 이와 같은 절차에 있어서 전면적인 변화를 위한 당장의 고려는 아니더라도 공시절차를 진행함에 있어서 기업의 사전 검토·확인 및 승인 가능성을 보다 확대하는 방향의 일부 개선을 통해 긍정적 효과를 기대할 수 있어 보인다.

즉, 이러한 사전검토 등의 기회를 확대하는 방향의 절차적 개선으로 기업은 보다 적확한 내용의 공시가 가능해지면서 공시위반에 따른 규제위험을 사전에 예방할 수 있을 것이다. 이에 대하여 공정위는 공시위반에 따른 사후적 제재 중심의 기존 법집행 경향에서 벗어나 해당 공시가 본래 취지에 맞게 운영됨으로써 그 실효성을 인정할 수 있는지, 개별 공시항목의 수단으로서 적절한 것이지 등에 관하여 판단할 수 있는 계기를 마련할 수 있을 것이다.

3. 공시기한을 현행보다 연장할 필요가 있다는 요구에 대한 전반적 검토에 더하여 몇 가지 추가적 고려가 요구된다. 먼저, 비상장사 중요사항 공시의 경우, 공시기준이 '이사회 결의 또는 대표이사 등의 결정이 있을 때'로 되어 있어서 공시의무를 지는 기업에 따라서 대표이사 보고, 이사회결의, 주주총회결의 등 어느 시기를 기준으로 공시해야 할지 혼란스러워 하거나 이를 달리 해석하여 공시 기한을 넘기는 경우도 발생할 수 있다. 따라서 공시메뉴얼을 통해 이를 보다 명확히 할 필요가 있다.

아울러 위에서 살펴 본 2023.1. 공시제도 개선방안 주요내용에 따른 기업집단 현황 공시주기 조정에 더하여 연공시로 편입할 수 있는 부분의 확대 가능성 검토가 요구된다. 한편, 이러한 요구와 별개로 위 개선방안은 기존 12개 분기공시 항목 중 연공시 항목으로 통합·전환한 8개 항목의 경우 공시 내용은 여전히 분기별 내역을 기재하도록 하고 있어 대상 기업은 연공시 전환에도 불구하고 공시내용 파악 및 작성은 분기별 금액으로 하여야 하는 상황이다. 이에 연간 거래금액 기재로 추가 수정하는 방안을 고려하여 공시부담의 합리적 개선이라는 당초의 취지를 살릴 필요가 있을 것이다.

[참고문헌]

권오승·서정, 「독점규제법 – 이론과 실무」(제6판), 법문사, 2023.

신동권, 「독점규제법」(제3판), 박영사, 2020.

신현윤·홍명수·강상엽, 「대기업집단 규제론」, 법문사, 2021.

이봉의, 「공정거래법」, 박영사, 2022.

홍명수, 「재벌의 경제력집중 규제」, 경인문화사, 2006.

홍명수, 「경제법론 Ⅰ」, 경인문화사, 2008.

홍명수, 「경제법론 Ⅲ」, 경인문화사, 2013.

홍명수, 「경제법론 Ⅴ」, 경인문화사, 2022.

강태균·정호일, "우리나라 공시 제도의 현황과 발전방안", 「경영사학」 제30집 제4호, 한국경영사학회, 2015.

권오승, "경제력집중의 억제에 관한 연구", 「법조」 제68권 제6호, 법조협회, 2019.

노진석, "경제민주화 정책에 대한 헌법적 평가", 「입법과 정책」 제7권 제1호, 국회입법조사처, 2015.

신영수, "공정거래법상 대기업집단 규제 개편의 배경과 의미 그리고 남겨진 과제", 「경쟁법연구」 제38권, 한국경쟁법학회, 2018.

이창민·조재민, "공정거래법상 경제력집중 억제시책의 정권별 변화와 일반집중, 시장집중, 소유집중과의 연관성", 「법경제학연구」 제12권 제3호, 한국법경제학회, 2015.

천경훈, "실질적 의미의 기업집단법, 그 현황과 과제", 「경제법연구」 제15권 제3호, 한국경제법학회, 2016.

최난설헌, "공정거래법 전부개정의 의미와 주요 쟁점 – 기업집단 규율 법제를 중심으로", 「상사법연구」 제40권 제1호, 한국상사법학회, 2021.

홍대식, "공정거래법 전면 개편에 대한 제언: 기업집단법제를 중심으로", 「경쟁저널」 제195호, 2018.

홍명수, "한국 독점규제법의 현재와 미래", 「경쟁법연구」 제12권, 한국경쟁법학회, 2005.

고영신, "한국경제의 성장과 정부의 역할 : 과거, 현재, 미래", 한국개발연구원, 2008.

김문현 외 3인, "한·미·일 공시제도의 현황 및 비교", 한국증권연구원, 2001.

박상인, "재벌개혁과 건강한 시장경제", 서울대학교 시장과 정부 연구센터, 2013.

유영국, "기업집단 범위 획정 및 지정기준·절차에 관한 입법적 개선 방안의 구체화"
　　— 토론문(미공간), 서울대학교 경쟁법센터 법·정책세미나, 2022.

공정거래위원회, "대기업집단 정책 설명회", 2023.

공정거래위원회, "2023년 공시대상기업집단 주식소유현황 분석·공개", 2023.10.3. 보
　　도자료.

공정거래위원회, "공정거래위원회 40년사—시장경제 창달의 발자취 1981—2020",
　　2021.

한국공정경쟁연합회, '공정거래법 전면개정 이후 대기업집단정책의 방향' 공정거래 전
　　문가 간담회(지상중계), 2021.

제 2 장

대규모기업집단 지정 기준에 대한 공시 등
실무적 관점에서의 검토

최휘진

대규모기업집단 지정 기준에 대한 공시 등
실무적 관점에서의 검토*

최 휘 진**

Ⅰ. 서   론

「독점규제 및 공정거래에 관한 법률」(이하 '공정거래법' 또는 '법'이라 한다)은 소수의 경제주체에 대한 경제력집중 방지 등을 위하여 공시대상기업집단, 상호출자제한기업집단 등 이른바 '대규모기업집단'(대기업집단) 규제를 하고 있다.[1] 국가 경제와 기업집단이 성장함에 따라 우선 맞닥뜨리게 되는 것이 공시대상기업집단 지정 및 그에 따른 공시 등 규제이다.

한편, 공정거래위원회는 2023년 1월 26일자 주요업무 추진계획에서 현행 자산총액 5조 원 이상으로 되어 있는 공시대상기업집단 지정 기준을 합리적으로 조정하는 것을 추진하겠다고 예고한 바 있고,[2] 한기정 공정거래위원장은 2023년 8월 28일 공정거래정책자문단 1차 회의에서 지정 기준 등 대기업집단제도를 균형적인 시각에서 개편하겠다고 밝힌 바 있다.[3] 이에 공시대상기업집단 지정 기준 및 공시 등 규제에 관한 논의가 더욱 활발히 이루어질 것으로 예상되는 상황이다. 이하에서는 대규모기업집단 지정 기준 및 관련 규제를 개략적으로 먼저 살

---

* 본 기고는 소속된 법무법인과는 상관없는 필자 개인의 견해로서, 필자가 2023년 4월 20일 서울대학교 경쟁법센터 2023년도 제1차 법정책 세미나에서 발표한 내용에 기반하여 일부 수정, 보완한 것으로서, 경쟁저널 제218호(2023.10.)에 이미 게재된 것임을 밝힌다.
** 법무법인(유한) 태평양 변호사
1) 대기업집단 제도의 연혁은 공정거래위원회의 2018년 7월 6일자 보도자료 <붙임 2>를 참고.
2) http://www.ftc.go.kr/www/selectReportUserView.do?key=10&rpttype=1&report_data_no=9927
3) http://www.ftc.go.kr/www/selectReportUserView.do?key=10&rpttype=1&report_data_no=10182

펴보고, 공시 등 실무적 관점에서 검토해 보고자 한다.

Ⅱ. 대규모기업집단 지정 기준 및 관련 규제 개요

1. 대규모기업집단 지정 개요

공정거래위원회는 대통령령으로 정하는 바에 따라 산정한 자산총액[4]이 5조 원 이상인 기업집단을, 대통령령으로 정하는 바에 따라 공시대상기업집단으로 지정한다(공정거래법 제31조 제1항, 같은 법 시행령 제38조).[5] '자산총액 5조 원 이상'이라는 기준이 공정거래법에 규정되어 있고, 자산총액 산정 방식과 공시대상기업집단 지정 방식을 시행령에 위임하고 있는 구조이므로, 공시대상기업집단 지정 기준 조정은 법 개정이 필요한 사항으로 이해된다.

공정거래위원회는 지정된 공시대상기업집단 중 자산총액이 국내총생산액(GDP)의 1천분의 5, 즉 0.5%에 해당하는 금액 이상인 기업집단을 대통령령으로 정하는 바에 따라 상호출자제한기업집단(상출집단)으로 지정한다(공정거래법 제31조 제1항, 같은 법 시행령 제38조). 이처럼 상호출자제한기업집단 지정 기준을 국내총생산액에 연동하는 것은 2024년부터 적용되고, 2023년까지는 종전의 10조 원 기준이 적용된다[공정거래법 부칙(법률 제17799호, 2020. 12. 29.) 제4조].[6]

---

4) 해당 기업집단에 속하는 국내회사들의 직전 사업연도 대차대조표상 자산총액 합계액을 의미한다(공정거래법 시행령 제38조 제1항).

5) '기업집단'은 동일인이 사실상 그 사업 내용을 지배하는 회사의 집단을 말하며(공정거래법 제2조 제11호), 둘 이상의 회사가 동일한 기업집단에 속하는 경우 서로 상대방의 계열회사라 한다(같은 조 제12호).

6) 공정거래법 부칙(법률 제17799호, 2020. 12. 29.) 제4조(상호출자제한기업집단의 지정에 관한 적용례)는 제31조 제1항의 개정 규정은 이 법 시행 이후 국내총생산액이 2천조 원을 초과하는 것으로 「한국은행법」에 따른 한국은행이 발표한 해의 다음 연도에 상호출자제한기업집단을 지정하는 경우부터 적용한다고 규정하고 있다. 한편, 「상호출자제한기업집단 지정 기준금액 산정 기준」(시행 2021. 12. 30. 공정거래위원회 고시 제2021-38호) 제2조는 공정거래법 제31조 제1항에 따른 국내총생산액은 「통계법」 제17조에 따라 통계청장이 지정하여 한국은행이 매년 발표하는 국민계정 중 법 제31조에 따른 지정일 직전에 발표한 국민계정의 명목 국내총생산액의 연간 확정치를 사용한다고 규정하고 있다. 국내총생산액은 2021년에 2천조 원을 초과하였는데, 그 확정치(2,080조 원)에 대한 한국은행의 발표는 2023년 6월에 있었다(한국은행 2023년 6월 2일자 보도자료.
http://www.bok.or.kr/portal/bbs/P0000559/view.do?nttId=10077692&menuNo=200690&pageIndex=12). 따라서 그 다음 연도인 2024년부터 국내총생산액의 1천분의 5라는 기준이 적용되는 것이다(위 2021년 국내총생산액 확정치 2,080조 원의 0.5%는 10.4조 원이다).

2023년 대규모기업집단 지정 현황은 다음과 같다. 82개 기업집단이 지정되어, 2017년에 자산총액 5조 원 이상 57개 기업집단이 지정된 것과 비교하여 그 수가 크게 늘었음이 확인된다.[7]

구분		집단명	계열회사 수
총수 있는 집단 (72개)	상출집단 (40개)	삼성, 에스케이, 현대자동차, 엘지, 롯데, 한화, 지에스, HD현대, 신세계, 씨제이, 한진, 카카오, 엘에스, 두산, DL, 중흥건설, 현대백화점, 부영, 네이버, 미래에셋, 금호아시아나, 하림, 영풍, 에이치디씨, SM, 효성, 셀트리온, 호반건설, 케이씨씨, 장금상선, 오씨아이, 코오롱, 태영, 넷마블, 세아, 넥슨, 엘엑스, 이랜드, 한국타이어, DB	1,989
	기타 공시 집단 (32개)	삼천리, 금호석유화학, 다우키움, 태광, 교보생명보험, 동원, KG, HL, 아모레퍼시픽, 대방건설, 중앙, 두나무, 에코프로, 애경, 동국제강, 엠디엠, 삼양, 크래프톤, 고려에이치씨, 보성, 글로벌세아, 신영, DN, 오케이금융그룹, 아이에스지주, 하이트진로, 한솔, 유진, 농심, 삼표, 반도홀딩스, BGF	900
총수 없는 집단 (10개)	상출집단 (8개)	포스코, 농협, 케이티, 에이치엠엠, 에쓰-오일, 케이티앤지, 대우조선해양, 쿠팡	180
	기타 공시 집단 (2개)	한국항공우주산업, 한국지엠	7
계(82개 집단)			3,076

출처: 공정거래위원회 2023년 9월 26일자 보도자료[8]

7) 2017. 9. 1. 기준으로 57개 기업집단이 대규모기업집단으로 지정된 바 있다. (http://www.ftc.go.kr/www/selectReportUserView.do?key=10&rpttype=1&report_data_no=7406)
8) http://www.ftc.go.kr/www/selectReportUserView.do?key=10&rpttype=1&report_data_no=10231

2. 대규모기업집단 관련 규제 개요

대규모기업집단 관련 규제의 주요 내용은 다음과 같다.

구분	제도	관련 규정	적용 대상
출자 규제	① 상호출자 금지 ② 신규 순환출자 금지 ③ 금융보험사 의결권 제한 ④ 지주회사 규제	법 제21조 법 제22조 법 제25조 법 제17조~ 제20조	• 상출집단 소속회사 전체 • 상출집단 소속회사 전체 • 상출집단 금융보험사 • 지주자손자회사 등
행태 규제	① 채무보증 제한 ② 부당지원행위 금지 ③ 특수관계인 부당이익 제공 금지	법 제24조 법 제45조 법 제47조	• 상출집단 비금융회사 사업자(기업집단 소속 회사일 필요 無) • 상출집단+공시집단 소속회사 전체
시장 감시 (공시)	① 기업집단 현황 공시 ② 비상장회사 등의 중요사항 공시 ③ 대규모내부거래 이사회 의결 및 공시 ④ 하도급대금 결제 조건 등 공시	법 제28조 법 제27조 법 제26조 하도급법 제13조의3	• 상출집단+공시집단 소속회사 전체 • 상출집단+공시집단 소속 비상장 중 비금융회사 • 상출집단+공시집단 소속회사 전체 • 상출집단+공시집단 소속회사 전체
기타	① 주식 소유 현황 등 신고	법 제30조, 시행령 제37조	• 상출집단+공시집단 소속회사 전체

공정거래위원회 2023년 5월 10일자 대기업집단 설명회 자료 등 참고하여 정리

기업집단이 공시대상기업집단으로 지정될 경우 규제가 적용되는 내용은 위 행태 규제 중 '특수관계인 부당이익 제공 금지'와 시장 감시(공시) 규제, 기타 규제(주식 소유 현황 등 신고)이다. 이때 실무상 달라지는 점의 핵심은 시장 감시하의 자율규제인 공시라고 할 수 있다. 공시대상기업집단으로 지정되면 혹은 어떤 친족, 임원, 회사가 그 공시대상기업집단 내에 들어가게 되면, 관련 회사 등은 기업집단 현황 공시, 비상장회사 등의 중요사항 공시, 대규모내부거래 이사회 의결 및 공시를 해야 하는 부담이 생긴다.

한편, 행태 규제의 경우 공정거래위원회의 입장에서 특수관계인에 대한 부당

한 이익 제공 등 금지에 대한 증명책임이 부당지원행위의 경우에 비하여 상대적으로 적은 측면이 있지만,[9] 한편으로 기업 입장에서는 금지되는 행위만 하지 않으면 되고, 실제 문제되는 사안들을 보면 객체가 회사인 경우로서 부당지원행위와 특수관계인에 대한 부당한 이익제공 등 금지(사익편취) 규제 적용 간에 결론에 있어서 별다른 차이가 없는 경우도 많아,[10] 실무상 큰 차이라고 보기 힘든 측면이 있다.

III. 공시 등 실무적 관점에서의 검토

1. 공시대상 기업집단 지정 관련 자산총액 5조 원 기준 관련

앞서 본 바와 같이, 공정거래위원회는 공시대상 기업집단 지정 기준을 현행 '자산총액 5조 원 이상'에서 'GDP와 연동하게 하거나 기준금액을 상향 조정'하는 방안을 추진 중에 있다.

한편, 공정거래법 일부개정법률안 중 지성호 의원 대표발의 법안(의안번호 24270, 발의연월일 2023. 9. 6.)은 공시대상기업집단 지정 기준을 자산총액이 국내총생산액의 0.25% 이상인 기업집단으로 정하여 국내총생산액에 연동되도록 하는 내용을 담고 있고, 김희곤 의원 대표발의 법안(의안번호 23795, 발의연월일 2023. 8. 11.)은 공시대상 기업집단 지정 기준을 자산총액이 국내총생산액의 0.3% 이상인 기업집단으로 정하는 내용을 담고 있다.

공시의 필요성이라는 측면 등에 비추어 다음과 같은 점 등을 고려하면, 공시대상 기업집단 지정 기준을 국내총생산액과 연동(그동안 있었던 인플레이션 등을

---

9) 부당성 요건이 완화되어 적용되기 때문이다. 대법원 2022. 5. 12. 선고 2017두63993 판결은 특수관계인에 대한 부당한 이익제공 등 금지에 있어서의 '부당성'이란, 이익제공행위를 통하여 그 행위객체가 속한 시장에서 경쟁이 제한되거나 경제력이 집중되는 등으로 공정한 거래를 저해할 우려가 있을 것까지 요구하는 것은 아니고, 행위주체와 행위객체 및 특수관계인의 관계, 행위의 목적과 의도, 행위의 경위와 그 당시 행위객체가 처한 경제적 상황, 거래의 규모, 특수관계인에게 귀속되는 이익의 규모, 이익제공행위의 기간 등을 종합적으로 고려하여, 변칙적인 부의 이전 등을 통하여 대기업집단의 특수관계인을 중심으로 경제력 집중이 유지·심화될 우려가 있는지 여부에 따라 판단해야 한다고 판시하였다. 위와 같은 부당성 판단 기준은 「특수관계인에 대한 부당한 이익제공행위 심사지침」(시행 2023. 5. 22. 공정거래위원회 예규 제435호)에도 반영되었다.
10) 공정거래위원회가 '부당지원행위'와 '특수관계인에 대한 부당한 이익 제공 등 금지' 조항을 동시에 적용하여 제재하는 경우가 다수 있다.

고려하여, 예를 들어 국내총생산액의 0.3%~0.35%)[11]하도록 하는 방안을 고려할 수 있다고 생각된다.

첫째, 인플레이션으로 인하여 명목상 자산총액이 늘었다고 하여 공시의 필요성이 새로 생긴다고 보는 것은 합리적이지 않다. 이는 특수관계인에 대한 부당한 이익 제공 등 금지 규제의 필요성에 있어서도 마찬가지일 것이다.

둘째, 기준금액을 몇 년에 한번씩 계단식으로 조정하면 기업집단의 실질적 규모는 그대로임에도, 다음 번 조정 시까지 한시적으로만 공시대상기업집단으로 지정되는 경우들이 다수, 반복적으로 발생 가능하다.

셋째, 금액으로 표시되는 특정 규모를 기준으로 할 경우 그 금액이 갖는 의미는 경제 여건 변화에 따라 달라질 수밖에 없다. 예를 들어, 5년 전의 5조 원이 갖는 의미가 현재의 5조 원과 같을 수 없듯이, 현재 6조 원이 갖는 의미는 해가 지날수록 달라질 것이다.

넷째, 기업집단 규제에 국가경제 내에서의 경제력 집중(일반집중)에 대응하는 취지도 있다고 보면, 국가경제의 크기를 나타낼 수 있는 지표인 국내총생산과 비교하여 기업집단의 크기가 어느 정도 되는지를 공시 등 규제 적용의 기준으로 삼는 것에 타당성이 있을 것이다.[12]

다섯째, 점진적 조정 방안은 수범자의 예측 가능성을 높여줄 수 있고, 공시정보의 일관성도 높여줄 수 있다.

여섯째, 앞서 본 바와 같이, 상호출자제한기업집단 지정 기준이 2024년부터

11) 2021년 국내총생산액 확정치 2,080조 원의 0.35%는 7조 2천억 원이 된다[「상호출자제한기업집단 지정 기준금액 산정기준」(시행 2021. 12. 30. 공정거래위원회 고시 제2021-38호) 제2조에 따라 1천억 원 단위 미만은 버림]. 그리고 공정거래위원회의 2023년 공시대상기업집단 지정 결과 발표 자료를 보면, 2023년 5월 기준으로 자산총액이 7조 2천억 원을 넘는 기업집단의 수는 61개로 보인다 (http://www.ftc.go.kr/www/selectReportUserView.do?key=10&rpttype=1&report_data_no=10019 참고). 이는 2017년 9월 1일 기준으로 공시대상기업집단으로 지정되었던 기업집단의 수인 57개보다 4개 더 많은 것이다.
12) 상호출자제한기업집단 규제는 일반집중에 대한 우려에서 비롯된 것으로서, 국가경제에 영향력이 큰 기업집단에 대한 규제이고, 공시대상기업집단 규제는 공시를 통한 기업경영의 투명성 제고 차원에 더하여 특수관계인에 대한 부당한 이익 제공의 우려에서 비롯된 규제이므로, 두 규제의 방법과 기준을 달리 적용하는 방식을 유지하여 상호출자제한기업집단의 경우 GDP 연동 기준을 적용하더라도, 공시대상기업집단은 그 규제 목적에 부합하는 일정 기준치(현행 5조 원 기준이 현실을 반영하지 못할 경우 상향)를 설정하는 방식이 타당할 것이라는 의견도 있다(최난설헌, 대기업집단 지정 기준의 방법론적 검토 발제문, 서울대학교 경쟁법센터 2022년도 제3차 법정책 세미나, 2022. 9. 30., 110, 111면).

국내총생산액에 연동되므로, 이와 일관성 있는 방안을 마련하는 것이 바람직한 측면이 있다.

2. 기업집단의 범위 관련

공시대상기업집단 지정의 전제가 되는 기업집단의 범위는 동일인의 지배 여부를 기준으로 판단되는데, 동일인 관련자를 통하여 그 범위가 계속 확장될 수도 있다(공정거래법 시행령 제4조).[13] 이러한 점을 고려하면, 기업집단의 범위를 일정한 범위 내로 한정할 수 있는 일정한 기준이 마련된다면 공시 등 측면에서 현실 적합성이 더욱 높아질 수 있을 것으로 생각된다.

공정거래법 시행령 제4조가 2022년 12월 27일 개정되면서, 사외이사 경영회사는 임원독립경영 인정 요건을 갖추고 있으면 계열회사 범위에서 원칙적으로 제외하고, 임원독립경영 인정 요건을 충족하지 못하는 경우에는 예외적으로 계열회사로 편입하도록 하였는데, 이는 사외이사의 역할을 고려한 바람직한 방향의 개정으로 평가된다.[14] 종래에는 예를 들어, 이공계 교수가 창업해서 소유하고 있던 스타트업(start-up) 회사가 해당 교수의 사외이사 선임으로 인하여 기업집단으로 편입되거나 편입의제되는 상황 등 규제 실익이 낮은 경우들이 발생할 수 있었다.

동일인 관련자 중 친족의 범위가 위 시행령 개정으로 다음과 같이 축소되었다는 점도 매우 유의미한 변화이다.

2022년12월27일 시행령 개정 전	2022년12월27일 시행령 개정 후
• 배우자 • 6촌 이내의 혈족	• 배우자 • 4촌 이내의 혈족

---

13) 예를 들어, 동일인의 혈족 4촌이 지배하고 있는 회사(A), 그 회사(A)의 임원이 소유하고 있는 다른 회사(B), 그 다른 회사(B)의 임원이 소유하고 있는 또 다른 회사(C)와 같은 식으로 연쇄적으로 확대될 수 있다.

14) 동 시행령 개정에 앞서 2021. 12. 30. 「독립경영 인정제도 운영지침」이 개정되어 임원독립경영 신청 시 제출하는 독립경영 확인서에 기재하여야 하는 임원 친족의 범위가 대폭 축소되는 등 임원독립경영 신청과 관련한 부담이 완화되어 온 바도 있다. 다만, 임원독립경영 인정 요건 중 '임원 선임 전부터 지배하는 회사일 것'이라는 요건(공정거래법 시행령 제5조 제1항 제3호 가목)은 다시 한번 생각해 볼 필요가 있다. 공시에 대한 부담으로 사외이사 등이 해당 기업집단과 전혀 연관관계가 없는 회사(예를 들어, 스타트업, 소규모 개인사업용 회사, 부동산투자용 회사 등)임에도 이를 새로 설립하는 것을 꺼려하게 하는 영향이 있기 때문이다.

• 4촌 이내의 인척	• 3촌 이내의 인척 • 동일인이 지배하는 국내회사 발행주식 총수의 100분의1 이상을 소유하고 있는 5촌·6촌인 혈족이나 4촌인 인척 • 동일인이 「민법」에 따라 인지한 혼인 외 출생자의 생부나 생모

그런데 개정된 친족의 범위도 다음과 같은 점 등에서 여전히 다소 넓다는 의견이 있을 수 있으므로, 지속적으로 검토가 되면 바람직할 것으로 생각된다.

1) 왕래 없는 4촌 혈족, 3촌 인척 소유 소규모 회사도 같은 기업집단 내로 보는 것이 타당할지

- 그러한 소규모 회사에 '이제 공시대상기업집단 소속이 되었으니 관련 공시를 하라'고 하는 것이 타당할지(공시 업무를 담당할 인력조차 없는 회사일 수도 있음)
- 그 회사가 동일인 지배 기업집단과 거래가 없을 수도 있고, 거래가 있어도 소규모 협력 업체들 중 하나에 불과할 수도 있음(업종 특성이나 특정 장기 프로젝트 관련 협력업체인지 등에 따라 거래의존도에 차이 있을 수 있음)
- 특별한 연락도 서로 없었던 사이 간에 업무상 협력을 더 늘리게 하는 효과가 있지는 않을지

2) '배우자의 혈족의 배우자'도 인척이어서(민법 제769조), '3촌 이내의 인척'은 예를 들어 동일인 배우자의 삼촌의 배우자까지 포함할 수 있는데, 동일인 등의 배우자가 사업에 관여하지 않는 경우가 많음에도 위와 같은 범위까지 포함하는 것이 타당할지

3) 일정 기준 이하 친족이 지배하는 회사는 친족독립경영을 인정받게 한 후 제외하는 것보다 원칙적으로 계열회사에서 제외하는 방안이 더 타당하지는 않을지

3. 기업집단 지정을 위한 자료(지정자료) 제출 관련

(1) 지정자료 제출 요청 대상 관련

공정거래위원회는 회사 또는 해당 회사의 특수관계인에게 지정자료의 제출을 요청할 수 있다(공정거래법 제31조 제4항). 공정거래위원회의 실무상 지정자료의

제출을 기본적으로 동일인에게 요청하여 왔다. 그런데 지정자료 제출 업무를 실제로 하는 것은 회사에서 공시와 지정자료 제출 관련 업무 등을 담당하는 임직원들이어서, 동일인에 대한 요청이 현실과 맞지 않는 측면이 있다. 동일인이 지정자료 제출을 직접 챙길수록 제출자료 누락 발생시 인식 가능성 측면에서 불리하게 작용하므로, 적극적으로 임하지 않고 위임할 유인이 발생하기도 한다.

회사(지정자료 제출 및 공시 담당자)에 지정자료 제출 관련 책임을 부여하고 적극적 업무를 할 수 있게 장려하는 것이 바람직할 수 있어 보인다. 공시도 대부분 회사가 주체이므로, 그 전 단계의 정보도 회사가 파악 가능하다. 국외 계열회사 관련 공시는 소속회사에게 한계가 있다고 보아 예외적으로 동일인에게 일정한 공시의무를 부여하고 있는데(공정거래법 제28조 제2항), 이는 그 외의 사항들에 대해서는 회사가 파악, 공시할 수 있다는 것을 전제하였다고 볼 수 있다.

동일인에 지정자료 제출을 요청하는 것에 대한 실무적 대안을 생각해 본다면 ① 모든 지정자료 제출을 기업집단 대표회사에 요청하는 방안 ② 친족 현황 자료는 동일인에게 요청하고, 나머지는 대표회사에 요청하는 방안 등이 있을 수 있어 보인다.

(2) 지정자료 누락에 대한 처벌 관련

지정자료 누락에 대한 제재 근거로 형벌 조항만 존재하고 있는 상황이다(공정거래법 제125조 제2호). 이에 따라 공정거래위원회는 사안에 따라 검찰에 고발하거나 경고 처분을 하고 있다. 그런데 지정자료 제출은 그 자체로 절대적인 의미가 있는 것이 아니라 공시대상기업집단 등 지정을 위한 수단이고, 공시대상기업집단으로 지정된 후에 공시를 잘못하면 과태료 처분을 받는 것 등과 비교하면, 그 전 단계에서 형사처벌을 하는 것은 균형에 맞지 않는 측면이 있어 보인다.[15] 형사처벌 외에 과태료와 같은 대안을 모색한다면 바람직할 것으로 생각된다.

공정거래위원회의 지정자료 제출 요청 관련 실무상 2023년 기준으로 자산총액 3조 원 이상~4조 원 미만은 소속회사 개요만 약식으로 제출하도록 하고, 자산총액 4조 원 이상은 소속회사 개요, 주주 현황, 임원 현황 등 정식 자료를 제출

---

15) 지정자료 제출 요청은 그 성격상 상대방의 자발적 협조를 구하는 것으로서, 자료 제출이 완벽하게 이루어지지 않았다고 하여 형사처벌을 하도록 하는 현행 공정거래법의 태도는 제도의 취지에 맞지 않고 과잉규제에 해당하여, 과태료 규정 등 입법적 개선이 필요하다는 견해가 있다(이봉의, 대기업집단 지정절차 및 제재의 쟁점과 개정안 발제문, 서울대학교 경쟁법센터 2022년도 제3차 법정책 세미나, 2022. 9. 30., 127면).

하도록 하고 있다 - 2022년까지는 각각 2조 원 이상~3.5조 원 미만, 3.5조 원 이상 기준이었다. 이와 관련하여, 공시대상기업집단 지정 기준에 근접하지 않은 때의 누락은 원칙적으로 제재 대상에서 제외하고, 지정자료 제출 초기 몇 년간은 제재를 유예하는 방안도 고려할 수 있어 보인다. 지정자료 제출 업무는 여러 친족, 임원 등으로부터의 협조에 바탕한 것이기에, 처음부터 완벽한 자료 제출은 어려운 측면이 있기 때문이다.

한편, 회사 업무 담당자 충원, 지정자료 확인 및 제출 프로세스(자체 규정, 매뉴얼 등) 정비, 관련 법령 및 기준에 대한 이해도 증가 등과 맞물려 과거 누락되었던 회사들을 찾게 되는 경우가 생길 수 있다. 지정자료 제출, 대규모기업집단 지정 그 자체가 목적이 아니라 공시(자율규제) 등의 규제를 위한 토대라는 점을 고려하면, 제재가 아닌 인센티브를 제공하는 방안도 고려할 수 있어 보인다. 누락이나 실수 그 자체를 잘못으로 볼 것이 아니라, 이를 스스로 찾아낸 점, 노력하여 프로세스를 갖추고 보완한 점 등에 공식적으로 인센티브를 부여하면 자진 시정을 장려할 수 있고, 자료의 충실성도 올라갈 것이다. 이에 따라 궁극적으로 공시로 달성하고자 하는 자율규제 목적도 더 효과적으로 달성할 수 있는 장점이 있을 것으로 생각된다.

Ⅳ. 결   론

이상에서 본 바와 같이, 공정거래위원회는 공시대상기업집단 지정 기준을 조정하는 등 대규모기업집단 규제 제도를 합리적으로 개선하는 방안을 추진 중이다. 이는 공시 등 실무적 관점에서 보더라도 매우 바람직한 방향으로 보인다. 한편으로, 공정거래위원회는 공시정보의 효용성을 제고하고, 기업의 공시 부담을 합리적으로 개선하기 위한 개선 방안도 마련하여 추진 중이다. 그러한 노력들의 결과로 공시를 통한 자율규제와 더욱 조화되는 대규모기업집단 지정 기준이 마련되어 실행될 수 있기를 기대해 본다.

제 3 장

대규모 기업집단 지정제도의
문제점과 개선방안에 관한 소고

김지홍
윤동영

대규모 기업집단 지정제도의 문제점과 개선방안에 관한 소고*

김 지 홍·윤 동 영**

Ⅰ. 현행 대규모기업집단 제도의 개요

1. 공정거래법상 대규모기업집단 제도 개관

「독점규제 및 공정거래에 관한 법률」(이하 '공정거래법' 또는 '법')은 제1조(목적)에서 "과도한 경제력집중을 방지"를 명시하고 있다. 경제력집중 방지 규율은 기업집단을 기본단위로 하여 이루어진다. 기업집단은 1986년 공정거래법 제1차 개정 당시 최초 도입된 개념으로, 당시 일정한 규모 이상의 기업집단을 '대규모기업집단'으로 정의한 뒤 대규모기업집단에 속하는 계열회사의 상호출자를 금지하고, 계열회사가 다른 회사에 출자할 수 있는 출자총액을 순자산의 40%로 제한하는 규정을 신설하였다.[1] 이후 공정거래법이 개정되면서 대규모기업집단의 범위나 대규모기업집단에 적용되는 경제력집중 억제 규제의 구체적 내용은 변해왔으나,[2] 기업집단을 경제력집중 규제의 기본단위로 한다는 규제 형태는 그대로 유지되고 있다. 현행 공정거래법상 대규모기업집단에 해당할 경우 적용되는 규제는 다음 [표 1]과 같다.

---

* 본 글은 저자들 개인의 견해로 법무법인 지평의 입장과 무관합니다.
** 법무법인 지평 변호사.

1) 권오승·서정, 「독점규제법」, 법문사, 제6판, 2023년, 37~38쪽.
2) 규제대상이 되는 기업집단의 지정기준은 1987년 이래 자산규모 → 순위 → 자산규모로 변경되었다. 이 과정에서 최상위 기업집단들은 자산규모가 100조원을 훨씬 넘는 등 기업집단들 사이에서도 상당한 격차가 발생하여 일정한 기준을 넘는 기업집단들을 모두 동일하게 규제하는 것이 타당한지 의문이 제기되었고, 2017년 3월 개정을 통해 공정거래법은 규제대상 기업집단을 '공시대상 기업집단'과 '상호출자제한 기업집단'으로 나누어 규제를 달리 적용하고 있다(권오승·서정, 앞의 책, 537~539쪽).

[표 1] 대규모기업집단에 적용되는 경제력집중 규제 개관

규제 내용	규제대상 기업집단
① 상호출자의 금지(법 제21조)	상호출자제한 기업집단
② 순환출자의 금지(법 제22조)	
③ 순환출자에 대한 의결권 제한(법 제23조)	
④ 계열회사에 대한 채무보증의 금지(법 제24조)	
⑤ 금융회사·보험회사 및 공익법인의 의결권 제한(법 제25조)	
⑥ 대규모내부거래의 이사회 의결 및 공시(법 제26조), 비상장회사 등의 중요사항 공시(법 제27조), 기업집단현황 등에 관한 공시(법 제28조), 특수관계인인 공익법인의 이사회 의결 및 공시(법 제29조)	공시대상 기업집단 (상호출자제한 기업집단 포함)
⑦ 주식소유 현황 등의 신고(법 제30조)	
⑧ 특수관계인에 대한 부당한 이익제공 등 금지(법 제47조)	

　　공정거래법은 기업집단 개념을 도입하면서 기업집단 지정을 위한 자료 제출의 근거규정도 도입하였다. 경제력집중 규제의 적용 대상이 되는 대규모기업집단의 범위를 정하기 위해서 공정거래법은 1차 개정시부터 회사 또는 당해 회사의 특수관계인에게 필요한 자료를 요청할 수 있도록 정하였고(제8조의3 제4항), 현재에도 회사 또는 특수관계인에게 요청할 수 있는 자료가 조금 더 구체적으로 특정되었을 뿐 기업집단 지정을 위해 필요한 자료를 요청한다는 점은 동일하다(제32조 제4항). 즉, 경제력집중 규제의 기본 단위인 '기업집단'의 지정을 위한 기초 자료를 공정위가 직접 조사하는 방식이 아니라 관련자인 사인(私人)에게 자료 제출을 요구하여 확보하는 구조이다. 이때 사인이 제출하는 자료의 정확성을 담보하기 위하여, 정당한 이유 없이 자료제출을 거부하거나 거짓의 자료를 제출하는 경우 형사처벌이 가능하도록 정하고 있다(제125조 제2호).

　　이상 설명한 공정거래법상 대규모기업집단 제도를 정리하면 다음과 같다. (i) 공정거래법에서 대규모기업집단 제도를 마련하여 추구하는 궁극적인 목적은 '경제력집중 억제'에 있고, 이를 위하여 각종 규제를 도입하여 적용하고 있다. (ii) 다만, 그 규제를 어디까지 적용할지를 확정하기 위해서 '기업집단'이라는 개념을 도입한 뒤 기업집단 중 일정한 규모 이상을 가지는 경우를 '대규모기업집단'으로 규정하여 규제의 적용 대상으로 삼는다. (iii) 이를 위해 공정위는 회사 또는 특수관계인에게 '지정자료'를 제출하도록 하고, 지정자료 제출에 협조하지 않는 경

우 형사처벌을 부과하는 방식이다.

2. 기업집단의 기본 개념

공정거래법 상 대규모기업집단 규제를 집행하기 위해서는, 규제 대상이 되는 '기업집단'의 범위가 먼저 확정되어야 한다. 공정거래법은 기업집단을 "동일인이 … 사실상 그 사업내용을 지배하는 회사의 집단"이라고 정의하고 있다(제2조 제11호). 즉, 기업집단의 범위는 1) '동일인'과 2) '사실상 사업내용의 지배'에 따라 결정된다.

(1) 동일인

기업집단의 범위가 정해지려면 먼저 동일인이 확정되어야 한다. 공정거래법 은 동일인의 의미에 대하여 명시적인 정의 규정을 따로 두고 있지 않다. 다만 공정거래법 제2조 제11호를 통해 "2개 이상의 회사의 사업내용을 사실상 지배하고 있는 자"라고 추론할 수 있다.[3] 동일인은 회사일 수도(제2조 제11호 가목), 자연인, 비영리법인 등 회사가 아닐 수도 있으나(제2조 제11호 나목), 자연인의 경우 지배구조의 정점에 있다고 평가되는 개인(이른바 '총수')이 동일인에 해당한다.[4][5]

공정거래법 및 시행령에 동일인 확정에 관한 근거 규정, 절차는 존재하지 않으며 관련 절차나 기준을 정한 고시도 존재하지 않는다. 공시대상기업집단 등 지정과정에서 공정위가 동일인을 함께 확정하고 있을 뿐이다.[6] 실무적으로는 공정위에서 '각 기업집단 동일인 앞'으로 지정자료 제출 요청 공문을 보내고,[7] 각 기업집단 스스로 내부 합의를 통해 동일인을 정하고 공정위에 제출하는 방식으로 동일인 확정이 이뤄져 왔다.[8]

---

3) 권오승·서정, 앞의 책, 540쪽.

4) 공정위의 보도자료도 '총수'라는 표현을 사용하고 있다(공정위 2023. 12. 11.자 보도자료 "2023년 공시대상기업집단 내부거래 현황 공개").

5) 자연인을 동일인으로 지정하는 현행 제도가 사실상 전근대적 1인 지배체제를 암묵적으로 정당화하고 있음을 지적하며, 기업집단 범위 확정을 위한 기준점은 자연인이 아니라 '핵심기업'이라는 법인 중심으로 일원화 할 필요가 있다는 견해도 있다(김우진·이은정·최난설헌, "동일인 지정 제도에 대한 비판적 검토: Centrality 적용 실증분석 및 제도 개선 방향", 법경제학연구 제17권 제3호, 2020년, 579~581쪽).

6) 이봉의, 「공정거래법」, 박영사, 2022년, 524쪽.

7) 황태희, "대규모기업집단의 동일인 지정제도 개선에 관한 소고", 경제법연구 제20권 제3호, 2021년, 50쪽.

8) 공정위는 2021년부터 실무적으로 대규모기업집단 지정과정에서 지정자료 제출에 앞서 '동일인

공정거래법 시행령은 동일인과 특정한 관계에 있는 자들(① 친족, ② 비영리법인·단체, ③ 계열회사, ④ 사용인)을 "동일인관련자"로 정하고, 동일인의 사실상 사업내용 지배 여부 판단에 동일인관련자의 보조를 고려하도록 정하고 있다. 현행 공정거래법 시행령에 따른 동일인관련자는 아래와 같다(제4조 제1항 제1호).

> 가. 동일인과 다음의 관계에 있는 사람(이하 "친족"이라 한다)
> 1) 배우자
> 2) 4촌 이내의 혈족
> 3) 3촌 이내의 인척
> 4) 동일인이 지배하는 국내 회사 발행주식총수의 100분의 1 이상을 소유하고 있는 5촌·6촌인 혈족이나 4촌인 인척
> 5) 동일인이 「민법」에 따라 인지한 혼인 외 출생자의 생부나 생모
> 나. 동일인이 단독으로 또는 동일인관련자와 합하여 총출연금액의 100분의 30 이상을 출연한 경우로서 최다출연자이거나 동일인 및 동일인관련자 중 1인이 설립자인 비영리법인 또는 단체(법인격이 없는 사단 또는 재단으로 한정한다. 이하 같다)
> 다. 동일인이 직접 또는 동일인관련자를 통해 임원의 구성이나 사업운용 등에 지배적인 영향력을 행사하고 있는 비영리법인 또는 단체
> 라. 동일인이 이 호 또는 제2호에 따라 사실상 사업내용을 지배하는 회사
> 마. 동일인 및 동일인과 나목부터 라목까지의 관계에 있는 자의 사용인(법인인 경우에는 임원, 개인인 경우에는 상업사용인 및 고용계약에 따른 피고용인을 말한다)

(2) 사실상 사업내용의 지배

공정거래법은 동일인의 사실상 사업내용 지배의 기준에 대하여 구체적으로 정의하고 있지 않고, 이에 대한 판단 기준을 시행령에 위임하고 있다. 공정거래법 시행령은 이른바 ① 지분율 요건(제4조 제1항 제1호)과 ② 지배력 요건(제4조 제1항 제2호)으로 이를 나누어 규정하고 있다.

1) 지분율 요건

'동일인이 단독으로 또는 동일인관련자와 합하여 해당 회사의 발행주식 총수

확인 절차'를 진행하였으나, 명문의 기준이나 절차가 없다는 비판이 있었다. 이에 2024. 1. 1. 부터 동일인 확인 절차를 명문화하고 동일인 확인 결과에 대해 이의제기 절차를 신설하는 것을 골자로 한 「동일인 판단 기준 및 확인 절차에 관한 지침」을 제정하여 운영 중이다.

의 100분의 30 이상을 소유하는 경우로서 최다출자자인 회사'는 동일인이 사실
상 사업내용을 지배하는 회사에 해당한다(공정거래법 시행령 제4조 제1항 제1호).
'지분 보유'를 사업내용 지배의 징표로 설정한 것이다. 공정위는 실무적으로 지분
율 요건이 정량적, 객관적 기준이라고 보아, 실제 의결권 행사 여부 등과는 상관
없이 위 기준을 충족한다면 사실상 사업내용 지배관계가 성립된다고 보고 있다.

특기할 사항은 공정위 실무상 동일인이 지분을 한 주도 보유하고 있지 않더
라도, '동일인관련자'가 지분을 30% 이상 보유한 최다출자자라면 지분율 요건이
충족된다고 보고 있다는 점이다. 동일인이 지분을 보유하고 있는지, 동일인이 실
제로 사업내용을 지배하고 있는지 등은 고려되지 않는다.

이에 따라 공정위는 동일인이 지분을 전혀 갖고 있지 않은 회사들(예컨대 계
열회사 임원이 지분을 100% 보유하고 개인적으로 운영하는 스크린골프장,[9] 동일인의
처남의 배우자가 최다출자자인 회사[10])에 대하여도 지분율 요건 충족을 이유로 동
일인의 사실상 사업내용 지배 하에 있다고 판단해 오고 있다. 동일인관련자는 동
일인의 지배 아래에 있다고 전제하고, 동일인관련자의 지배를 동일인의 지배와
동일시하고 있는 것이다.

2) 지배력 요건

공정거래법 시행령 제4조 제1항 제2호는 "동일인이 해당 회사의 경영에 대해
지배적인 영향력을 행사하는 회사"가 동일인이 사실상 사업내용을 지배하는 회
사에 해당한다고 정하고 있다. 경영에 대한 '지배적 영향력 행사'라는 방법으로
사실상 사업내용을 지배하는 경우에 대한 규정이다. 지배적인 영향력을 행사하는
방법의 구체적인 기준은 각 목에서 정하고 있다.

> 가. 동일인이 다른 주요 주주와의 계약 또는 합의에 따라 대표이사를 임면한 회사 또
> 는 임원의 100분의 50 이상을 선임하거나 선임할 수 있는 회사
> 나. 동일인이 직접 또는 동일인관련자를 통해 해당 회사의 조직변경 또는 신규사업에 대
> 한 투자 등 주요 의사결정이나 업무집행에 지배적인 영향력을 행사하고 있는 회사

---

9) 「김범수(상호출자제한기업집단 카카오의 동일인)의 허위자료 제출행위에 대한 건」(공정위
   2018. 1. 12.자 의결 제2018-019호).
10) 「조양호(상호출자제한기업집단 「한진」의 동일인)의 지정자료 허위제출 행위에 대한 건」(공정
   위 2018. 8. 16.자 결정 제2018-056호).

다. 동일인이 지배하는 회사(동일인이 회사인 경우에는 동일인을 포함한다. 이하 이 목
   에서 같다)와 해당 회사 간에 다음의 경우에 해당하는 인사교류가 있는 회사
  1) 동일인이 지배하는 회사와 해당 회사 간에 임원의 겸임이 있는 경우
  2) 동일인이 지배하는 회사의 임직원이 해당 회사의 임원으로 임명되었다가 동일인이
     지배하는 회사로 복직하는 경우(동일인이 지배하는 회사 중 당초의 회사가 아닌
     다른 회사로 복직하는 경우를 포함한다)
  3) 해당 회사의 임원이 동일인이 지배하는 회사의 임직원으로 임명되었다가 해당 회
     사 또는 해당 회사의 계열회사로 복직하는 경우
 라. 동일인 또는 동일인관련자와 해당 회사 간에 통상적인 범위를 초과하여 자금 · 자
    산 · 상품 · 용역 등의 거래 또는 채무보증이 있는 회사
 마. 그 밖에 해당 회사가 동일인의 기업집단의 계열회사로 인정될 수 있는 영업상의
    표시행위를 하는 등 사회통념상 경제적 동일체로 인정되는 회사

시행령의 문언 구조에 비추어 볼 때, 지배력 요건이 충족되어 동일인의 사실
상 사업내용 지배 아래에 있다고 하기 위해서는 (i) 법 시행령 제4조 제1항 제2
호 각 목의 하나에 해당하는 회사일 것, (ii) 당해 회사의 경영에 대하여 동일인
이 지배적인 영향력을 행사하고 있다고 인정되는 회사일 것이라는 두가지 요건
을 충족하여야 한다. 단지 (i) 요건을 충족한다는 이유만으로 곧바로 동일인의 사
실상 사업내용 지배가 인정된다고는 볼 수 없으며, (ii) 동일인이 경영에 대해 지
배적 영향력을 행사하고 있는지를 추가적으로 따져보아야 한다.[11]

실무적으로, 공정위는 지배력 요건을 판단할 때에도 지분율 요건과 마찬가지
로 동일인관련자와 동일인을 동일시하고 있다. 동일인관련자가 경영에 지배적 영
향력을 행사하고 있는 회사라면 동일인이 직접 경영에 지배적 영향력을 행사하
였는지 여부와 무관하게 지배력 요건을 충족한다고 보고, 동일인의 사실상 사업
내용 지배를 인정하는 방식이다.

---

11) 권오승 · 서정, 앞의 책, 544쪽.

II. 대규모기업집단 소속회사 판단기준의 재정립

1. 기업집단 범위의 문제점

공정거래법상 기업집단 범위는 1987년 대규모기업집단 규제 출범 이후 크게 변하지 않았다. 그 결과 그 이후의 사회여건과 경제적 변화를 반영하지 못하고 있고, 기업집단의 범위가 너무 넓다는 비판이 꾸준히 제기되어 왔다.[12] 소수 대규모기업집단에 경제력이 집중되어 폐해가 나타나고 재벌 총수 1인이 기업집단을 제왕적으로 지배하던 대규모기업집단 규제 도입 당시와 달리, 현재는 글로벌 경쟁이 심화되고 기업집단 총수의 의미도 변화하고 있는 만큼 기업집단의 범위를 합리적으로 축소하는 방향으로 제도 개선이 필요하다는 것이다.[13]

(1) 친족 범위의 문제

먼저 동일인관련자 중 친족의 범위가 현재 사회생활상과 맞지 않게 과도하게 넓다는 지적이 있다. 1987년 입법 당시만 하더라도 대가족이 흔하였으나 이후 급속히 진행된 핵가족화 현상을 반영하지 못하고 있다는 것이다.[14] 전통적인 대기업집단의 경우 대가족의 문화와 정서가 잔존해 있다고 볼 수 있으나, 사회 전반에 걸쳐 있는 가족구조의 변화에서 예외가 되기는 어렵다.

동일인관련자 제도는 각 동일인관련자가 동일인과 "경제적 이해관계를 같이 하거나 경제적 이익을 무상으로 분여할 정도로 밀접한 관계가 있다는 것을 전제"로 한다.[15] 그러나 설문 조사에 따르면 3촌 이내까지만 실질적인 "친족"으로 생각한다는 국민이 34.3%로 가장 많으며, 직계가족만 생각한다는 비율도 11.6%에 이른다. 또한 54.8%의 국민들은 직계가족과만 경제적 이해관계를 맺을 의향이 있다고 하였다.[16] 즉, '동일인과 경제적 이해관계를 동일한' 것을 당연한 전제로 설정되어 있는 현재 공정거래법상 동일인관련자의 범위와는 상당한 괴리가 발견된다.

---

12) 지인엽, "공정거래법상 동일인 지정제도의 현황과 문제점에 대한 법경제학적 소고", CFE Report, 2022년, 19쪽.
13) 최은진, "공정거래법상 동일인 지정제도의 현황과 개선과제", 국회입법조사처 이슈와 논점 제1599호, 2019년, 4쪽.
14) 김봉철, "공정거래법상 특수관계인 규정의 문제점과 개선방향", 법제연구 제38호, 2010년, 255쪽.
15) 김봉철, "경제 기업법령상 친족인 '특수관계인' 관련 규정의 문제점과 개선방향", 외법논집 제33권 제4호2009년, 30~31쪽.
16) 전국경제인연합회 2021. 9. 15.자 보도자료 "친족범위에 대한 대국민인식조사결과".

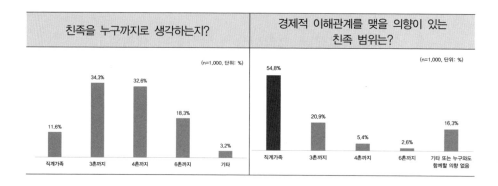

동일인관련자에 해당하는 친족 범위는 해외 규제 사례와 비교해보아도 넓은 편이다. 미국, 영국, 캐나다 등에서는 특수관계인 범위를 가족 중심으로 구성하며, 대체적으로 3촌 이내로 제한하고 있다. 중국은 '관계가 밀접한 가족구성원'이라는 기준을 통해 경제적인 생활공동관계가 형성되는 관계로 특수관계인 범위를 제한하고 있다.[17] 이와 달리 친족 범위를 넓게 정하고 있는 현행 법제는 각 기업집단들이 지정자료 제출 시 동일인도 모르는 친족들의 정보를 수집해야 하는 어려움을 발생시키기도 한다.[18] 이는 단순히 실무적으로 정보 수집이 어려운 것을 넘어서, 동일인이 평소 교류가 없는 친족들의 정보까지 정확히 수집하여 제출하지 못할 경우 형사처벌을 받을 위험까지 발생시킨다는 점에서 그 문제가 더욱 심각하다.[19]

(2) 사외이사, 감사, 비영리법인·단체 임원의 문제

사외이사, 감사, 비영리법인·단체의 임원 모두를 동일인관련자로 일괄 포함시키는 것도 불합리하다는 비판이 있다.[20] 사외이사, 감사는 독립성과 중립성을 전제로 지배주주, 경영진을 감시하는 역할을 한다. 동일인을 감시하는 역할로서 일률적으로 동일인이 지배하는 자로 보거나, 동일인과 경제적 이해관계를 같이 한다고 평가하기는 어렵다.

---

17) 허원, "특수관계인 관련 법령의 문제점 및 개선방안", KERI Insight 19-15, 2019년, 22~25쪽.
18) 조선일보 2021. 10. 25.자 기사 "기업들 '총수 6촌의 자료까지 내라니…' 해마다 특수관계인 보고하느라 진땀".
19) 예컨대 공정위는 기업집단 하이트진로가 기업집단 지정자료를 제출하면서, 혈족 3~4촌이 보유한 회사를 소속회사 명단에서 누락하고, 혈족 5~6촌 및 인척 4촌 일부를 친족 현황에서 누락해 제출한 행위를 문제삼아 동일인을 고발한 바 있다(공정위 2021. 6. 8.자 결정 제2021-024호).
20) 중앙일보 2022. 6. 20.자 기사 "사외이사의 개인회사가 그룹 계열사? … 30년도 남은 낡은 규제".

특히 사외이사는 시작부터 외환위기 이후 기업지배구조개선 방안의 하나로 대주주와 경영진을 견제하기 위해 도입된 제도이고,[21] 현재 상법은 사외이사와 감사의 독립성, 중립성을 보호할 수 있는 다양한 제한을 마련해두고 있다.[22] 공익법인 임원의 경우도 동일인으로부터 독립성을 확보하기 위한 제한들이 다수 존재한다.[23]

(3) 동일인과 동일인관련자 사이 관계 문제

친족, 계열회사 임원, 비영리법인·단체 임원 등 동일인관련자는 동일인과 엄연히 별개 법적 주체이다. 반드시 동일인의 지배를 받는 자라거나, 동일인과 경제적 이해관계를 같이 한다고 단정지을 근거가 부족하다. 기업집단 가족 구성원 간 경영권 분쟁이 일어나는 등 적대적인 관계를 형성하기도 하고,[24] 기업집단의 동일인이 다른 기업집단의 비영리법인·단체 임원을 맡기도 하는 등,[25] 동일인관련자가 동일인의 지배를 받지도 않고 경제적 이해관계를 달리하는 경우가 적지 않게 발견되기 때문이다.

기업집단의 범위는 '동일인의 사실상 사업내용 지배'를 기준으로 한다(공정거래법 제2조 제11호). 동일인의 지배를 받지도, 경제적 이해관계가 항상 동일하다고 볼 수도 없는 '동일인관련자의 사실상 사업내용 지배'로는 '동일인의 사실상 사업내용 지배'가 인정된다고 보기 어렵다. 그럼에도 동일인관련자의 지분 보유(지분율 요건의 경우), 동일인관련자의 지배적 영향력 행사(지배력 요건의 경우)만 근거로 곧바로 계열회사를 인정하고 있는 현행 공정위 실무는, 기업집단의 범위

---

21) 김환일·박용근·김동근, "우리나라 사외이사제도의 문제점과 개선방안", 서울법학 제25권 제4호, 2018년, 276쪽.

22) 최대주주와 특수관계에 있는 자는 사외이사로 선임이 제한되며(상법 제382조 제3항, 제542조의8 제2항), 상장회사의 상근감사로도 선임되지 못한다(제542조의10 제2항). 사외이사는 사외이사가 과반수로 구성된 사외이사후보추천위원회에서 추천한 후보로만 선임할 수 있으며(제542조의8 제4항, 제5항), 사외이사의 활동내역과 보수에 관한 사항은 주주들에게 통지, 공고된다(제542조의3 제8항). 감사 선임 시 각 주주가 행사할 수 있는 의결권은 3%로 제한되며(제409조 제2항), 감사는 회사 및 자회사의 이사 등 사용인을 겸직하지 못한다(제411조).

23) 출연자와 특별한 관계에 있는 자는 공익법인 임원이 되지 못하며(「공익법인의 설립·운영에 관한 법률」 제5조 제5항), 임원 취임 시 주무관청의 승인을 받아야 한다(제5조 제2항). 공익법인 감사는 이사와 특별한 관계에 있는 자가 아니어야 하며, 주무관청에서 추천할 수 있다(제5조 제8항).

24) 강상엽, "동일인 지정제도: 정량적 기준과 정성적 기준의 비판적 검토", 경제법연구 제20권 제2호, 2021년, 208~209쪽.

25) 연합뉴스 2019. 1. 27.자 기사 "대웅제약 윤재승 전 회장, 네이버 커넥트재단 이사장 사퇴".

를 동일인이 사실상 사업내용을 지배하지 못하는 회사까지 부당하게 확장할 우려가 있다. 특히 앞서 살펴본 바와 같이 동일인관련자의 범위가 넓게 정해져 있다는 점을 감안하면 더욱 그러하다.

2. 시행령 개정에 따른 동일인관련자 조정과 그 한계

1987년 대규모기업집단 규제 도입 이후 동일인관련자 범위는 크게 두 차례 조정되었다. 먼저 2009년 개정에서 동일인관련자에 포함되는 친족 범위가 배우자, 8촌 이내의 혈족, 4촌 이내의 인척에서 배우자, 6촌 이내의 혈족, 4촌 이내의 인척으로 축소되었다. 당시 시행령(2009. 5. 13. 대통령령 제21492호로 일부개정된 것)은 개정이유를 "사회적 변화를 고려"하여 친족 범위를 축소한 것이라고 밝히고 있다.

두 번째로 최근 시행령이 일부개정 되면서(2022. 12. 27.자 대통령령 제33140호로 일부개정된 것), 동일인관련자 범위가 다시 한번 조정되었다. 동일인관련자에 포함되는 혈족의 범위가 4촌 이내로 줄어들고, 인척의 범위는 3촌 이내로 줄어들었으며, 5촌·6촌 혈족이나 4촌 인척은 예외적으로 동일인이 지배하는 국내 회사 발행주식총수의 1% 이상을 소유한 경우에만 동일인관련자에 포함된다. 대신 동일인이 민법에 따라 인지한 혼인 외 출생자의 생부나 생모가 새로이 동일인관련자에 추가되었다.

또한 현행 시행령은 사외이사가 독립경영하고 있는 회사로서 시행령 제5조 제1항 제3호의 임원독립경영 요건을 모두 갖춘 회사를 기업집단 범위에서 제외하도록 하는 조항을 신설하였다(제4조 제2항). 사외이사를 동일인관련자에서 완전히 제외하는 것은 아니지만, 그와 유사한 효과를 가지는 개정사항으로 볼 수 있다.

현행 시행령은 개정이유에서 동일인관련자 조정의 이유를 "친족 범위를 사회적 인식 변화에 맞추어 조정"하고, "사외이사가 독립적으로 경영하고 있는 회사는 동일인이 지배하는 기업집단 범위에서 원칙적으로 제외함으로써 현실에 맞는 기업집단 제도의 운영을 도모"하기 위한 것이라고 밝히고 있다.[26] 동일인관련자 범위가 너무 넓고, 기업집단 범위가 '동일인의 사실상 사업내용 지배'와 동떨어지게 운영되어 왔다는 지적을 수용한 것이다. 일응 제도 개선의 방향은 타당해 보인다.

---

26) 공정위 2022. 12. 20.자 보도자료 "동일인의 친족 범위 조정 등 대기업집단 제도 합리화".

다만 이를 통해 기업집단 범위 문제가 모두 해결되었다고 보긴 어렵다. 먼저, 친족 범위가 여전히 넓다. 대다수 국민이 경제적 이해관계의 대상으로 인식하는 친족 범위는 직계가족인데 비해,[27] 4촌 혈족, 3촌 인척 등이 모두 동일인관련자에 포함된다. 5·6촌 혈족과 4촌 인척도 기업집단 소속회사 지분 1% 이상을 보유하면 동일인관련자에 해당해, 지정자료 제출을 위해 동일인의 5·6촌 혈족과 4촌 인척까지 조사하여 제출하여야 하는 기업집단의 부담은 전혀 개선되지 못했다.[28]

둘째, 일부 사외이사 지배 기업만이 기업집단 범위에서 제외되었을 뿐, 사외이사, 감사, 공익법인 임원들이 동일인관련자에서 제외되지 못하였다. 시행령 제5조 제1항 제3호의 임원독립경영 요건은 임원이 동일인관련자로 포함되기 전부터 지배하던 회사여야 하는 등 요건이 까다로워, 이를 충족하지 못하는 경우가 다수 있을 수밖에 없다.

마지막으로, 동일인관련자의 범위를 조정하는 것으로는 '동일인관련자의 지배를 동일인의 지배와 동일시하는 문제'가 해결되지 않는다는 점에서 근본적인 개선 방안이 요구된다. 이에 대하여는 아래에서 상술한다.

3. '지배력 요건' 판단 기준의 재정립

전술한 바와 같이 지배력 요건은 구조상 어떤 회사가 계열회사에 해당하기 위해서는 (i) 시행령 제4조 제2호 각목 중 하나에 해당할 것, (ii) 동일인이 해당 회사의 경영에 대한 지배적 영향력을 행사하고 있다고 인정될 것 두 가지 요건을 모두 충족해야 하는 것으로 해석함이 타당하다. 동일인의 해당 회사 경영에 대한 지배적 영향력이 인정되지 않음에도 시행령 제4조 제2호 각목의 요건만 충족한다고 해서 곧바로 계열회사에 해당한다고 볼 수는 없다. 이런 점에서 동일인관련자의 지배적 영향력이 인정된다면 곧바로 지배력 요건을 충족한 것으로 보는 공정위의 현행 실무는 재고될 필요가 있다. 예를 들어 A 회사가 "동일인관련자"와 통상적인 범위를 초과하여 자금을 거래하였다고 해서 곧바로 A 회사가 계열회사에 해당하는 것이 아니라, A 회사에 대한 당해 기업집단 동일인의 지배적 영향력

---

27) 전국경제인연합회, 위 보도자료.
28) 전국경제인연합회, "「독점규제 및 공정거래에 관한 법률 시행령」 일부개정령(안) 개선 건의서", 7쪽.

이 별도로 인정되어야 하는 것이다.

시행령 제4조 제2호의 문언상 동일인의 지배력 행사가 별도로 인정되어야 한다는 해석이 타당함은 분명하다. 각 목 외 부분에서 "다음 각 목의 회사로서 동일인이 해당 회사의 경영에 대해 지배적인 영향력을 행사하고 있다고 인정되는 회사"를 계열회사로 정하고 있다. 국립국어원 표준국어대사전에 따르면 단어 "로서"는 "지위나 신분 또는 자격을 나타내는 조사"이다. 즉 'A로서 B인 것'이라는 의미는 'A지위(자격)을 가진 것들 중 B에도 해당하는 것'으로, A와 B를 모두 만족해야 한다는 의미이며, A와 B중에는 B가 핵심적인 요건에 해당한다.[29]

이때 시행령 제4조 제2호 각 목이 대등한 수준의 내용을 담고 있지 않다는 지적이 있다. 예컨대 가목 "동일인이 다른 주요 주주와의 계약 또는 합의에 따라 대표이사를 임면한 회사" 또는 나목 "동일인이 직접 또는 동일인관련자를 통해 해당 회사의 조직변경 또는 신규사업에 대한 투자 등 주요 의사결정이나 업무집행에 지배적인 영향력을 행사하고 있는 회사"라면 별도의 검토가 없더라도 동일인이 당해 회사의 경영에 대해 지배적인 영향력을 행사할 수 있음을 쉽게 인정되는 경우가 많을 것이다. 반면, 다목 또는 라목은 동일인의 지배적 영향력에 대한 구체적인 사항을 포함하고 있지 않다. 따라서 다목, 라목을 충족했다는 것만으로 동일인의 지배적 영향력 행사를 인정할 수는 없고, 동일인이 당해 회사의 경영에 대하여 지배적인 영향력을 행사하고 있는지 별도로 검토되어야 한다. 같은 조항에 열거된 항목들이라는 점을 고려할 때, 다목의 '인사교류'나 라목의 '거래'도 가목의 임원임면이나 나목의 영향력 행사에 준하는 경우로서 엄격하게 제한하여 해석하는 것도 방법이겠다.

지배력 요건 해석의 문제는 동일인관련자의 해당 회사에 대한 지배력(통상적인 범위를 초과한 거래나 채무보증 등)이 인정되는 사정은 있으나 동일인의 지배력을 인정할 만한 사정이 없는 경우에 계열회사 판단에 대한 결론을 달리할 수 있게 한다는 점에서 매우 중요하다. 롯데 사건이 그 대표적인 사례이다.[30]

---

29) 공정거래법 시행령 지분율 요건에서도 "동일인이 (…) 발행주식총수의 100분의 30 이상을 소유한 경우로서 최다출연자"인 경우를 계열회사로 보는데, 이 때 "로서"의 해석상 발행주식총수의 100분의 30 이상만 소유하면 족한 것이 아니라, 최다출자자라는 요건까지 충족해야 한다.

30) 서울고등법원 2016. 8. 21. 선고 2016누60173 판결(대법원 2019. 1. 17. 선고 2018두57766 판결로 확정).

이 사건에서는 롯데그룹의 계열회사 판단이 문제되었다. 공정위는 ① 롯데그룹 동일인관련자(당시 롯데그룹 동일인 신격호의 친딸)가 A 회사 대표이사 선임에 영향력을 행사하였고, ② 주기적으로 A 회사로부터 업무보고를 받았으며, ③ A 회사 이사로도 취임하였다는 사실에 비추어 지배력 요건이 충족되었으므로, A 회사가 롯데그룹 계열회사에 해당한다며 계열편입의제 처분을 하였다. 이 계열편입의제 처분에 대하여 롯데그룹 대표회사인 롯데쇼핑과 A 회사가 취소소송을 제기하면서 지배력 요건의 해석이 문제되었다.

이 사건에서 서울고등법원은 ① 롯데그룹 동일인이 A 회사의 경영에 직접·계속적으로 관하였다고 볼 증거가 부족한 점, ② 롯데그룹 동일인이 A 회사의 신임 대표이사에게 회사 경영에 관한 지시를 했다고 볼 만한 자료가 없는 점, ③ A 회사 신임 대표이사가 동일인관련자에게 업무보고를 한 것만으로 동일인이 지배력을 행사하였다고 보기 어렵다는 점을 들어 A 회사가 롯데그룹 계열회사에 해당하지 않는다고 판단했다. 즉 법원은 동일인관련자가 해당 회사에 지배력을 미칠 수 있다 하더라도, 동일인의 당해 회사에 대한 지배적인 영향력이 인정되지 않는 이상 계열회사가 될 수 없음을 분명히 한 것이다.[31]

그렇다면 동일인이 해당 회사에 대해 어느 정도 영향력을 행사해야 동일인의 회사에 대해 지배적인 영향력을 행사한다고 볼 수 있을 것인가. 이에 대해서는 금호아시아나 사건이 해석의 단초를 제공한다.[32]

기업집단 금호아시아나 소속 계열회사인 금호산업, 금호타이어에 대하여 2010. 1. 6. 기업구조조정촉진법에 따른 채권금융기관의 공동관리절차가 개시되었고, 박삼구 회장(이하 '박삼구') 등 기존 주주에 대한 대규모 감자와 채권자의 출자전환 등으로 주주변동이 발생하였다. 그 결과 2011. 4. 1. 기준 금호산업에 대한 박삼구 및 박삼구 관련자의 지분은 3.08%, 채권금융기관의 지분은 88.89%

---

31) 최근 SK 사건에서도 이 판단이 다시 한 번 확인되었다(서울고등법원 2024. 2. 15. 선고 2022누39835 판결, 항소기간 도과로 확정). 이 사건에서는 SK 동일인의 혈족 2촌이 주요 의사결정이나 업무집행에 지배적 영향력을 행사하였거나, 통상적 범위를 초과한 자금 거래를 한 회사들이 '지배력 요건'에 의해 SK 기업집단 계열회사에 해당하는지가 문제되었다. 법원은 동일인관련자가 지배적인 영향력을 행사한다고 인정할 만한 사정이 존재한다고 하여 곧바로 그 회사들이 계열회사가 된다고 할 수 없고, '동일인'의 지배적 영향력 행사가 인정되어야 한다는 점을 분명히 하였다.

32) 서울고등법원 2012. 11. 15. 선고 2012누12565 판결(대법원 2015. 3. 26. 선고 2012두27268 판결로 확정).

이고, 금호타이어에 대한 박삼구 및 박삼구 관련자의 지분은 9.74%, 채권금융기관의 지분은 68.97%가 되었다. 그런데 2012. 4. 12. 공정위는 금호석유화학 및 금호산업, 금호타이어 등 25개 회사를 박삼구를 동일인으로 하는 기업집단 '금호아시아나'로 지정하였고, 금호석유화학은 공정위의 지정 처분에 불복하여 상호출자제한 기업집단 지정 처분의 취소를 청구하였다.

법원은 이 사안에서 법원은 채권금융기관의 공동관리절차에도 불구하고 박삼구가 금호산업과 금호타이어의 사업내용을 지배한다고 인정하고, 공정위의 처분이 적법하다고 판단하였다. 구체적으로 "박삼구가 채권금융기관의 협조 또는 동의 하에 양사의 대표이사를 임면하거나 임면할 수 있는 경우에 해당하는 점, 박삼구는 금호산업의 명예회장, 금호타이어의 대표이사로서 사실상 위 각 회사의 주요 의사결정 · 업무집행에 관하여 지배적인 영향력을 행사하고 있다고 보이는 점, 채권금융기관협의회의 주요 의사결정에 대한 승인 또는 자금관리는 경영정상화를 위한 감시의 측면에서 이루어지는 것으로서 박삼구의 지배적 영향력 인정에 장애가 되지 아니하는점" 등의 사정을 들어 박삼구가 사실상 금호산업 · 금호타이어의 사업내용을 지배하고, 따라서 금호산업이 사실상 사업내용을 지배하는 아시아나항공 및 그 자회사 등에 대하여도 박삼구의 사실상 지배가 인정된다고 판단하였다. 대표이사의 임면 여부 및 임면 권한, 회사에서의 지위, 주요 의사결정에 대한 결정권 등이 일응 지배적 영향력의 인정 근거가 될 수 있음을 확인할 수 있다.

4. '지분율 요건' 판단 기준의 재정립

지분율 요건의 해석과 관련해서는 "동일인이 단독으로 또는 동일인관련자와 합하여" 30% 이상을 보유한 회사에, 동일인은 지분을 전혀 보유하지 않고 동일인관련자만 30% 이상을 보유한 경우도 포함되는지 여부가 핵심 쟁점이다. 전술한 바와 같이 현재 공정위 실무는 이런 경우까지 지분율 요건을 충족한 것으로 해석하고 있다. 실제로 동일인이 지정자료에서 계열회사를 누락하여 '지정자료 허위제출'이 문제된 사안 중에는 동일인이 지분을 전혀 보유하지 않고 동일인관련자(계열회사의 이사, 비영리법인 이사 등)만 30% 이상 지분을 보유한 경우가 다수 존재한다.[33] 그러나 이러한 공정위의 해석이 타당한지에 대해서는 의문이 있다.

---

33) 공정위 2021. 9. 11.자 의결 제2021−041호(계열회사의 기타 비상무이사가 보유한 회사 누락),

법률해석의 원칙은 가능한 한 법률에 사용된 문언의 통상적인 의미에 충실하게 해석하는 것에 있고, 이에 더하여 법률의 입법 취지와 목적, 제·개정 연혁, 법질서 전체와의 조화, 다른 법령과의 관계 등을 고려하는 체계적·논리적 해석 방법을 추가로 동원할 수 있다.[34] 이러한 법률 해석의 기본 원칙에 비추어 볼 때 공정위의 해석과 달리, 동일인이 한 주도 지분을 보유하지 않은 회사의 경우 지분율 요건을 충족하지 않는 것으로 해석하는 것이 타당해 보인다.

(1) 문언해석의 문제

지분율 요건의 문언상 주식 보유의 주체는 어디까지나 '동일인'이다. 지분율 요건을 분설하면 ① 동일인이 단독으로 또는 ② 동일인이 동일인관련자와 합하여 지분을 보유하여야 한다는 것이 되어, 문언상 동일인관련자는 주식소유의 주체가 아니다. 즉 동일인관련자의 보유 주식은 동일인이 주식을 보유한 경우에 한하여 전체 지분율을 계산하는 데 합산될 뿐 동일인관련자가 별도의 주식보유 주체가 되지는 않는다.

(2) 세법상 특수관계인에 관한 대법원 판결 등

동일 또는 유사한 문언에 대한 법원의 판례도 이러한 해석을 뒷받침한다. 대표적으로 구 소득세법 시행령 제98조 제1항 제4호의 '특수관계 있는 자'의 해석이 문제된 대법원 2010. 11. 25. 선고 2009두4746 판결 사례를 참고할 수 있다.

이 사건은 A 회사의 대주주인 甲이, 자신의 자녀들인 乙과 丙이 합계 99%의 지분을 소유한 B회사에 자신이 소유한 A 회사 주식을 저가에 양도한 사안이다. 과세관청은 甲의 이러한 저가양도행위에 대하여 甲과 B회사가 특수관계에 있다고 보아 부당행위계산부인 규정을 적용하여 소득세를 과세하였는데, 법원은 B회사는 甲의 자녀들이 99% 지분을 보유하고 있을 뿐 甲이 지분을 보유한 회사가 아니므로, 甲과 B 회사는 특수관계인이 아니라고 보았다.

대법원은 위와 같이 판단한 근거 중 하나로 "이 사건 조항은 구 소득세법 시행령(1994. 12. 31. 대통령령 제14467호로 전부 개정되기 전의 것) 제111조 제1항 제5호의 '당해 소득자가 단독으로 또는 제1호 내지 제3호에 게기하는 자와 공동으로 총발행주식 또는 총출자지분의 100분의 50 이상을 출자하였거나 그 소득자

공정위 2020. 2. 13.자 의결 제2020−040호(기업집단 소속 비영리법인의 임원이 보유한 회사 누락), 공정위 2018. 1. 12.자 의결 제2018−019호(계열회사 임원이 보유한 회사 누락) 등.

[34] 대법원 2009. 4. 23. 선고 2006다81035 판결 등.

가 대표자인 법인'을 개정한 것인데, 그 개정 전후의 규정을 대비하여 보면 이 사건 조항은 개정 전의 조항을 단순히 문구정리한 것에 지나지 아니하여 개정 전의 조항과 다른 의미로 해석할 것은 아[님]"을 들었다. 그런데 아래 [표 2]에서 보듯이 대법원이 해석에 참고한 개정 전 구 소득세법 시행령 조항의 문언 구조는 "A 단독으로 또는 B와 공동으로"라고 하여 공정거래법 시행령상 지분율 요건과 거의 동일하다. 그렇다면 대법원 판결의 취지상 지분율 요건도 동일인이 한 주도 보유하지 않은 채 동일인관련자만 지분을 보유한 경우는 제외된다고 해석함이 타당하다.

[표 2] 소득세법 시행령 개정전후 비교

개정 전 구 소득세법 시행령 조항	대법원 2009두4746 판결의 해석대상
제111조(부당행위계산의 부인) ① 법 제55조에서 "특수관계 있는 자"(이하 이 조에서 같다)라 함은 다음 각호의 1의 관계에 있는 자를 말한다. (1. ~4. 생략) 5. 당해 소득자가 단독으로 또는 제1호 내지 제3호에 게기하는 자와 공동으로 총발행주식 또는 총출자지분의 100분의 50 이상을 출자하였거나 그 소득자가 대표자인 법인.	제98조(부당행위계산의 부인) ① 법 제41조 및 법 제101조에서 "특수관계 있는 자"라 함은 다음 각호의 1의 관계에 있는 자를 말한다. (1. ~3. 생략) 4. 당해 거주자 및 그와 제1호 내지 제3호에 규정하는 자가 소유한 주식 또는 출자지분의 합계가 총발행주식수 또는 총출자 지분의 100분의 50 이상이거나 당해거주자가 대표자인 법인

참고로 소득세법상 특수관계인 조항은 1974. 12. 31. 전부개정된 소득세법 시행령 제111조에서 최초로 규정된 조항이다. 그런데 이 조항은 다음 [표 3]에서 보듯이 유사한 시기에 개정된 법인세법 상 특수관계인 조항(법인세법 시행령 제46조[35]), 상증세법상 특수관계인 조항(상증세법 제41조 제2항[36])과 비교해 보면 문언상 분명한 차이가 있다. 소득세법의 경우 "A 단독으로 또는 B와 공동으로"라고 규정하고 있는 반면, 유사한 시기 개정된 법인세법과 상증세법에서는 "A 또는 B가 출자하고 있는 법인"이라고 정하고 있다. 후자의 경우 문언상 반드시 A의 출자를 요구하지 않고, A 또는 B중 누구라도 출자하고 있으면 족함이 분명하다. 이처럼 유사한 시기에 도입된 조항임에도 소득세법상 특수관계인 규정이 다른 세

---

35) 1974. 12. 31. 대통령령 제7464호로 일부개정된 것.
36) 1990. 12. 31. 대통령령 제13196호로 일부개정된 것.

법 규정과 다른 문언을 사용하고 있다면, 다른 세법 규정과 특수관계인 요건을
달리 규정하려는 입법자의 의도라고 해석함이 타당할 것이다.

[표 3] 상증세법/법인세법 시행령상 특수관계인 규정

상증세법 시행령 제41조	법인세법 시행령 제46조
② 법 제34조의2에 규정하는 "대통령령이 정하는 특수관계에 있는 자"라 함은 다음 각호의 1에 해당하는 자를 말한다. *(1. ~3. 생략)* 4. <u>양도자 또는 전 각호에 게기하는 자가 출자하고 있는 법인</u>	① 법 제20조에서 "법인의 주주·사원 또는 출자자와 특수관계 있는 자"라 함은 다음 각호에 게기하는 자를 말한다. *(1.~2. 생략)* 3. 출자자 또는 전 각호에 게기하는 자가 출자하고 있는 다른 법인 4. <u>전 각호에 게기하는 자가 총발행주식수의 100분의 50 이상을 출자하고 있는 법인</u>

그 밖에 법원이나 유관기관에서는 지분율 요건과 유사한 문언을 다음 [표 4]
와 같이 해석하고 있다. 모두 "동일인관련자만 지분을 보유한 경우는 지분율 요
건을 충족하지 않는다"는 해석을 뒷받침한다.

[표 4] 유사한 문언에 대한 법원/유관기관 해석례

구분	쟁점 법령	해석
대법원 2011. 1. 27. 선고 2009두1617 판결	구 상증세법 시행령 제19조 제2항 제6호 "주주 등 1인[양도자등]과 제1호 내지 제5호의 자[특수관계자]가 발행주식총수등의 100분의 30 이상을 출자하고 있는 법인"	"양도자 등은 전혀 출자하지 않고 특수관계자만 출자한 회사"는 포함되지 않음
서울행정법원 2021. 2. 17. 선고 2020구합53309 판결[37]	금융사지배구조법 시행령 제3조 제1항 제1호 자목 전단 "본인이 혼자서 또는 그와 가목부터 아목까지의 관계에 있는 자와 합하여 법인이나 단체에 100분의 30 이상을 출자한 법인"	시행령 제3조 제1항 자목 전단에 해당하기 위해서는 반드시 본인의 출자지분이 존재해야 함
조세심판원 2020. 7. 21.자 2020중0733 결정	구 공정거래법 제3조 제1호 동일인이 단독으로 또는 동일인관련자와 합하여 당해 회사 발행주식총수의 100분의 30 이상을	동일인이 해당 회사 지분을 1주도 보유하고 있지 않은 경우 해당 회사는 동일인이 지배하는 기업집단에 속하지 않음

| 조세심판원
2017. 6. 30.자
2016전3135
결정 | 소유하는 경우로서 최다출자자인
회사 (=현행 지분율 요건) | |

이러한 대법원 판결은 조세법규를 문언 그대로 엄격하게 해석하는 원칙을 준수한 것으로 보이며[38] 침익적 행정처분의 근거가 되는 법률을 해석할 때 적용되는 엄격해석의 원칙 면에서는 공정거래법도 이러한 해석 기준이 동일하게 적용되어야 할 것이다. 특히 공정거래법상 기업집단 범위에 관한 조항은 죄형법정주의에 입각한 엄격해석이 요구된다는 점에서[39] 더욱 문언해석의 엄격성이 요구된다. 죄형법정주의는 국가형벌권의 자의적인 행사로부터 개인의 자유와 권리를 보호하기 위하여 범죄와 형벌을 법률로 정할 것을 요구하는 원칙이다. 형벌법규의 해석은 엄격해야 하고, 문언의 가능한 의미를 벗어나 피고인에게 불리한 방향으로 해석하는 것은 죄형법정주의의 내용인 확장해석 금지에 따라 허용되지 않는다.[40] 죄형법정주의의 확장해석 금지 원칙은 모든 형벌법규의 구성요건과 가벌성에 관한 규정에 준용된다.[41]

계열회사 범위에 관한 시행령 조항은 그 자체로 형벌법규의 구성요건에 해당하는데, 전술한 것처럼 공정거래법은 피고가 동일인에게 기업집단 지정을 위한 자료(지정자료) 제출을 요청하고(제31조 제4항), 자료누락이 발생한 경우 형사처벌을 할 수 있도록 하고 있기 때문이다(제125조 제2호). 공정위가 어떤 회사를 계열회사로 판단하고 있는데, 당해 회사가 자료를 제공하지 않거나 동일인이 자료를 제출하지 않으면 형사처벌의 대상이 된다. 즉, 어떤 회사가 계열회사에 해당하는지 여부는 공정거래법상 지정자료 허위제출 행위의 범죄 구성요건에 해당한다. 계열회사의 범위를 넓게 해석하는 것은 곧 지정자료 허위제출 행위의 구성요건을 넓게 해석하는 것이다. 따라서 계열회사의 범위는 죄형법정주의의 원칙에

---

37) 서울고등법원 2021. 9. 29. 선고 2021누37634 판결로 항소기각, 항소부제기로 2021. 10. 15.
    확정.
38) 이동식·안경봉, 한국에 있어서 조세법의 해석·적용, 조세학술논집 통권 제40호, 2014년, 123쪽
39) 김시철, 헌법상 조세법률주의와 세법의 해석방법론 - '의심스러운 경우 납세자의 이익으로'의
    해석방법론을 중심으로, 사법 통권 제59호, 2022년, 507쪽.
40) 대법원 2016. 3. 10. 선고 2015도17847 판결, 대법원 2022. 7. 14. 선고 2021도16578 판결 등.
41) 대법원 2010. 9. 30. 선고 2008도4762 판결.

따라서도 문언에 충실하게 해석해야 한다.

(3) 공정거래법 시행령 제 · 개정 과정의 고려

공정거래법 시행령상 지분율 요건이 도입되어 개정되어 온 과정을 보면 이러한 해석이 타당하다는 점이 분명해진다. 전술한 바와 같이 공정거래법상 기업집단 개념은 1986년 1차 개정에 도입된 개념이고, 제정 공정거래법의 경우 기업집단에 관한 정의 규정은 두지 않았다. 제정 공정거래법에서는 단지 기업결합의 경쟁제한성을 판단하는 규정과 관련하여 '계열회사'라는 개념을 두고 있었다. 제정 공정거래법 시행령상 계열회사의 규정과 제1차 개정 공정거래법 시행령상 기업집단 규정을 비교하면 [표 5]와 같다.

[표 5] 제정 공정거래법 시행령-1987년 개정 공정거래법 시행령 비교

제정 공정거래법 시행령 (1981. 4. 1. 제정)	1987년 개정 공정거래법 시행령 (1987. 4. 1. 개정)
제13조(계열회사의 범위) ① 법 제7조제1항에서 "대통령령이 정하는 범위의 주식(출자지분을 포함한다. 이하 같다)을 보유하는 회사"라 함은 제12조제1항의 회사(이하 "당해 회사"라 한다) 또는 당해 회사의 발행주식 총수의 100분의 30이상을 보유하고 있는 주주(이하 "출자자"라 한다)가 **각각 또는 합하여** 다른 회사의 발행주식 총수의 100분의 30이상을 보유한 경우에 그 다른 회사를 말한다. ② 제1항의 경우에 당해회사 또는 그 출자자와 다음 각호의 1에 해당하는 관계에 있는 자는 그 관계되는 당해회사 또는 출자자와 동일인으로 본다. 1. **친족관계에 있는 자** 2. 당해회사 또는 출자자의 사용인(출자자가 영리법인인 경우에는 임원에 한하고, 비영리법인인 경우에는 임원 및 설립자에 한한다) 3. 출자자 또는 그와 친족관계에 있는 자가 이사의 과반수이거나 **출연금의 100분의 50이상을 출연하고 그중 1인이 설립자로 되어 있는** 비영리법인 · 조합 또	제2조의2(기업집단의 범위) 법 제2조제2항에서 "동일인이 대통령령이 정하는 기준에 의하여 사실상 그 사업내용을 지배하는 회사"라 함은 동일인이 <u>단독으로 또는 다음 각호의 1에 해당하는 관계에 있는 자와</u> 합하여, 당해 회사의 발행주식(지분을 포함한다. 이하 같다)총수의 100분의 30 이상을 소유하고 있는 회사(최다출자자인 경우에 한한다.)이거나 기타 임원의 임면등으로 당해 회사의 경영에 대하여 영향력을 행사하고 있다고 인정되는 회사를 말한다. 다만, 금융업 · 보험업을 영위하는 회사가 금융업 · 보험업을 영위하거나 보험자산의 효율적인 운용 · 관리를 위하여 관계법령에 의한 승인등을 얻어 주식을 취득 또는 소유하고 있는 회사의 경우에는 법 제7조의5의 규정을 적용함에 있어서 이를 당해 회사에 포함하지 아니한다. 1. **배우자, 8촌이내의 혈족, 4촌이내의 인척.** 다만, 주식 또는 재산의 소유관계등에 비추어 당해 회사의 사업내용을 지배한다고 인정할 수 없는 경우에는 그러하지 아니하다.

는 단체 4. 당해 회사나 출자자가 **각각 또는 합하여** 발행주식 총수의 100분의 30이상을 출자하고 있는 다른 회사	2. 동일인 및 동일인과 제1호에 규정한 관계에 있는 자가 임원의 과반수이거나 **출연금의 100분의 50이상을 출연하였거나 그중 1인이 설립자로 되어 있는** 비영리법인, 조합 또는 단체 3. 동일인 및 제1호·제2호에 규정한 자가 발행주식총수의 **100분의 30이상을 소유하고 있는 회사** 4. 동일인 및 제2호·제3호에 규정한 자의 사용인(법인의 경우 임원, 개인인 경우 상업사용인·고용계약에 의한 피용인 및 개인의 금전이나 재산에 의하여 생계를 유지하는 자를 말한다)

먼저 눈에 띄는 것은 'A와 B가 지분을 함께 보유한 경우'를 규정하는 문언이 명백하게 다르다는 점이다. 제정 공정거래법 시행령에서는 A 또는 B가 "**각각 또는 합하여**"라고 규정하여 A 또는 B 중 하나만 지분을 보유한 경우를 포함하고 있는 반면, 개정 공정거래법 시행령에서는 현행 규정과 같게 "**단독으로 또는 합하여**"라는 문언을 사용하고 있다. 만약 1987년 개정 공정거래법 시행령에서 동일인과 동일인관련자 중 누구라도 지분을 보유한 경우를 기업집단에 포함할 의사였다면, "각각 또는 합하여"라는 표현을 사용함이 이러한 취지에 부합하였을 것이다. 시행령을 개정하면서 명백하게 다른 문언을 사용한 것은 양자를 달리 보겠다는 입법자의 의도가 반영된 것이라고 해석된다.

이러한 차이는 제정 공정거래법과 개정 공정거래법에서 관련 규정의 도입 취지 자체가 달랐다는 점에 기인한다. 제정 공정거래법의 관련 조항은 기업집단 규제가 도입되기 전 기업결합의 경쟁제한성을 판단하기 위한 조항이었으므로, '기업결합행위'라는 구체적 행위가 발생하지 않는 이상 계열회사 여부가 문제되지 않았다. 즉 제정 공정거래법 구조 하에서는 계열회사 범위를 다소 넓게 보더라도 별 문제가 없었던 것이다. 반면 1987년 과도한 경제력 집중현상을 억제하기 위한 목적으로 '기업집단 규제'라는 일률적·사전적 규제를 새롭게 도입하였으므로, 이러한 사전적 규제가 적용되는 대상을 적절히 정할 필요가 있었다. 1987년 개정 공정거래법 시행령은 이러한 점을 고려하여 적절한 기업집단의 범위를 설정하기 위한 입법자의 고민이 반영된 것으로 보인다. 다시 말해 1987년 공정거래법 개정에서 추단되는 입법자의 의도는, 새롭게 도입되는 경제력집중 억제 제도의 적용 대상인 '기업집단'의 범위를 명확하고 적절한 수준으로 획정하는 데 있었다. 이는 다음과 같은 조항 변경에서도 드러난다.

① 1987년 개정 공정거래법 시행령은 친족의 범위를 축소했다. 기존에 기업결합과 관련하여 계열회사 범위를 정함에 있어서는 단순히 "친족관계에 있는 자"라고 규정한 반면(제13조 제2항 제1호), 개정 공정거래법 시행령은 "8촌 이내의 혈족, 4촌 이내의 인척"으로 규정한 것이다(제2조의2 제1호). 친족들이 기업집단 지배에 관여하는 현실을 반영하여 친족을 동일인관련자 중 하나로 두되, 그 범위를 합리적으로 축소한 것이다.

② 제정 공정거래법 시행령에서는 비영리법인 등에 관해 (i) 출자자 또는 그와 친족관계에 있는 자가 이사의 과반수이거나 출연금의 100분의 50이상을 출연하고, (ii) 그중 1인이 설립자로 되어 있는 경우에 한해 출자자와 특수관계에 있다고 본 반면(and 요건), 개정 공정거래법 시행령은 (i) 동일인 및 동일인과 제1호에 규정한 관계에 있는 자가 임원의 과반수이거나 출연금의 100분의 50이상을 출연하였거나, (ii) 그중 1인이 설립자로 되어 있는 경우(or 요건) 동일인관련자로 포함했다. 이렇게 요건을 정비함에 따라 비영리법인이 포함될 수 있는 범위는 더욱 넓어졌다. 여기서도 1987년 개정 공정거래법 시행령은 기존 조항을 그대로 차용한 것이 아니라, 적절한 기업집단의 범위가 무엇인지를 고민하여 규정을 새롭게 정비했음을 알 수 있다.

③ 출자회사가 지분의 30% 이상을 보유한 회사가 다시 30% 이상 지분을 보유한 회사의 경우(연쇄적 출자)에도 판단이 달라질 수 있다. 제정 공정거래법 시행령에 의하면 "당해 회사(A)나 출자자(甲)가 각각 또는 합하여 발행주식 총수의 100분의 30이상을 출자하고 있는 다른 회사(B)"까지만 당해회사 또는 출자자와 '동일인'에 해당하므로(제13조 제2항 제4호), B회사가 30% 이상을 보유한 회사(C)가 있다면 이는 A회사와 계열회사에 해당하나(B회사는 甲의 동일인이므로), 그 회사(C)가 다시 보유한 회사(D)에 대해서는 A회사의 계열회사로 볼 근거 규정이 없다. 즉, 연쇄적으로 이어지는 지분출자 흐름이 일정 단계에서 끊어지게 된다. 반면 1987년 개정 공정거래법 시행령에 의하면 계열회사는 모두 동일인관련자에 해당하므로(제2조의2 제3호), 연쇄적인 출자 관계가 있는 경우 해당 회사들이 모

두 기업집단에 포함된다.

위 ①과 ③의 설명을 도식화하면 아래와 같다. 인척 6촌 乙이 보유한 회사 E 가 계열회사에 해당하는지, 연쇄적으로 출자가 이루어진 상황에서 출자고리의 마지막에 있는 D회사가 A회사의 계열회사에 해당하는지 여부에서 판단이 달라지는 것을 확인할 수 있다.

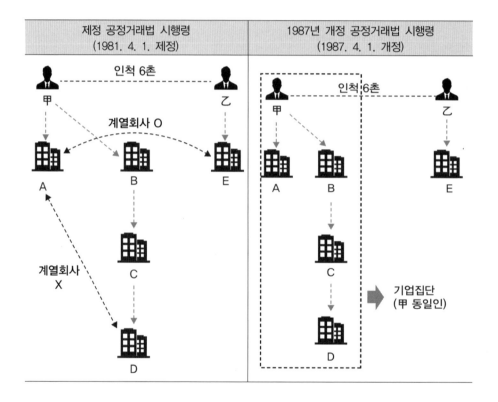

1987년 공정거래법 시행령 개정 이후, 기업집단의 범위에 관한 시행령 조항은 큰 틀에서 동일성을 유지하였지만 제도 운영 과정에서 발생한 문제점을 반영해 조금씩 개정이 되어 왔다. 특기할 부분은 [표 6]에서 보듯이 지분율 산정 시 지분 보유자가 의결권을 보유하지 않는 경우를 조금씩 더 제외하는 방향으로 개정되었다는 점이다.

[표 6] 공정거래법 시행령 개정 흐름

1990. 4. 14. 개정 공정거래법 시행령	1993. 2. 20. 개정 공정거래법 시행령	1997. 3. 31. 개정 공정거래법 시행령
제3조(기업집단의 범위) 법 제2조제2호의 규정에 의한 동일인이 사실상 사업내용을 지배하는 회사의 기준은 동일인이 단독으로 또는 다음 각호의 1에 해당하는 관계에 있는 자와 합하여 당해 회사의 발행주식(지분을 포함하며, 중소기업창업지원법에 의하여 중소기업창업투자회사가 출자한 중소기업에 대하여는 상법 제370조의 규정에 의한 의결권 없는 주식을 제외한다. 이하 같다) 총수의 100분의 30이상을 소유하고 있는 회사(최다출자자인 경우에 한한다)	제3조(기업집단의 범위) 법 제2조제2호의 규정에 의한 동일인이 사실상 사업내용을 지배하는 회사의 기준은 동일인이 단독으로 또는 다음 각호의 1에 해당하는 관계에 있는 자와 합하여 당해 회사의 발행주식(지분을 포함하며, 중소기업창업지원법에 의하여 중소기업창업투자회사가 출자한 중소기업에 대하여는 상법 제370조의 규정에 의한 의결권 없는 주식을 제외한다. 이하 같다) 총수의 100분의 30이상을 소유하고 있는 회사(최다출자자인 경우에 한하며, **최다출자자가 합의·계약등에 의하여 소유주식에 대한 주주권의 행사가 제한되어 임원의 임면등 당해 회사의 경영에 대하여 영향력을 행사할 수 없다고 인정되는 경우를 제외한다)**	제3조(기업집단의 범위) 법 제2조(정의)제2호에서 "대통령령이 정하는 기준에 의하여 사실상 그 사업내용을 지배하는 회사"라 함은 다음 각호의 1에 해당하는 회사를 말한다. 1. 동일인이 단독으로 또는 다음 각목의 1에 해당하는 자(이하 "동일인관련자"라 한다)와 합하여 당해 회사의 발행주식 [지분을 포함하며, 상법 제370조(의결권 없는 주식)의 규정에 의한 의결권 없는 주식을 제외한다. 이하 같다] 총수의 100분의 30이상을 소유하는 경우로서 최다출자자인 회사

기업집단 관련 규정이 최초 도입된 1987년 개정 공정거래법 시행령에서는 발행주식의 100분의 30 이상만 보유하면 족할 뿐 그 의결권 행사에 대해서는 아무런 제한이 없었다. 그러다가 1990년 개정 공정거래법 시행령에서 최초로 중소기업창업지원법에 의한 중소기업창업투자회사가 중소기업에 출자·보유한 주식은 의결권이 없으므로, 계열회사 판단 시 이를 제외하는 것으로 정했다. 이후 1993년 개정 공정거래법 시행령에서는 다시 "합의·계약 등에 의하여 주주권의 행사가 제한된 경우"도 제외 사유로 추가하였으며, 1997년 개정 공정거래법 시행령에서는 현재와 동일하게 "상법 제370조에 의해 의결권 없는 주식을 제외"했다.

이러한 공정거래법 시행령 개정 과정을 보면 30% 이상 지분을 보유한 경우 이를 계열회사로 정한 근거가 '의결권'에 있음을 확인할 수 있다. 즉 지분 보유를 통한 의결권 행사 가능성이 해당 회사에 대한 '사실상 지배'의 핵심 표지이자 근거라는 점이 바탕에 깔려 있는 것이다. 이를 반대 해석하면 동일인이 애초에 의결권을 전혀 가지고 있지 않은 경우, 즉 지분을 보유하지 않은 경우는 '동일인이 사실상 지배하는 회사'에 포함될 수 없다고 보는 것이 입법자의 의사에 부합한다.[42]

Ⅲ. 마치며: 계열회사 규제 실무 변화의 필요성

이와 같이 동일인이 주식을 보유하지 않은 회사를 기업집단 소속회사에서 제외할 경우 공정거래위원회의 실무 변화가 수반된다. 계열회사의 숫자가 지나치게 줄어들어서 기업집단 규제의 실효성이 떨어지게 된다는 우려가 제기될 수 있으나, 실상은 그렇지 않다. 계열회사는 주식 보유 여부만을 근거로 판단하지 않으며, 동일인이 "사업내용을 지배"하는 다른 징표를 통해 얼마든지 계열회사로 편입될 수 있기 때문이다. 즉, 시행령 제4조 제2항에 따라 동일인이 대표이사를 임면할 권한이 있는지, 임원의 절반 이상을 선임할 수 있는지, 동일인이 직접 또는 동일인관련자를 통해 해당 회사의 조직변경 또는 신규사업에 대한 투자 등 주요 의사결정이나 업무집행에 지배적인 영향력을 행사하고 있는지, 동일인이 지배하는 회사와 해당 회사 간에 인사교류가 있는지, 동일인 또는 동일인관련자와 해당

---

[42] 다만 앞서 언급한 SK 판결에서 법원은 동일인관련자만 지분을 보유한 경우까지 지분율 요건을 충족한다고 해석하였다(서울고등법원 2024. 2. 15. 선고 2022누39835 판결, 항소기간 도과로 확정). 특기할 점은 이 판결에서 법원은 "동일인이 주식을 소유하고 있지 않을 뿐만 아니라 어떠한 실질적 지배력을 보유·행사한 바 없는 회사임에도 동일인관련자가 발행주식총수의 100분의 30 이상을 소유한 최다출자자라는 이유만으로 계열회사에 편입되는 결과가 발생할 수 있을 것"이라고 보았다는 부분이다. 공정거래법상 계열회사는 '동일인의 사실상 사업내용 지배'를 요건으로 하므로, 동일인이 지배력을 보유하거나 행사한 바 없는 회사가 계열회사로 편입될 수 있다는 법원의 판단은 곧 시행령 해석으로 인해 상위법령에 위반되는 결과가 발생할 수 있다는 것을 의미한다. 그렇다면 법원의 판단을 일관하면 지분율 요건을 동일인이 지분을 보유한 경우로 제한하여 해석함이 타당할 것이다. 그러나 법원은 기업집단 제도의 실효성과 법적 안정성을 확보하기 위해서는 현행과 같은 해석이 불가피하다는 고려 하에, 문언이나 개정 과정을 볼 때 현행 공정위 해석이 위법하다고 단정할 수 없다고 보았다. 결국 이 문제는 입법적인 개선이 요구되는 것으로 보이며, 이와 관련하여 현재 지분율 요건을 동일인이 "주주로서" 지분을 보유한 경우로 제한하는 것을 골자로 하는 공정거래법 일부개정안(2023. 9. 21.자 김희곤의원 등 10인 발의, 의안번호 2124633)이 국회 계류 중에 있다.

회사 간에 통상적인 범위를 초과하여 자금·자산·상품·용역 등의 거래 또는 채무보증이 있는지, 해당 회사가 동일인의 기업집단의 계열회사로 인정될 수 있는 상호명을 사용하거나 영업상의 표시행위를 하고 있는지 등을 고려하여 계열회사로 편입되기 때문이다. 이 경우 현재 기업집단 계열회사로 분류되어 있는 소속회사의 숫자가 획기적으로 줄어들거나, 기업집단 규제가 필요한 회사가 누락되는 일은 발생하기 어려울 것으로 보인다. 반대로 '기업집단 규제가 불필요한 회사'가 과도하게 편입되어 있는 불합리한 현실이 개선된다고 보는 게 타당하다. 동일인과 사실상 교류가 없는 동일인관련자가 기업집단과 무관하게 다수 지분을 보유하는 회사, 사외이사가 기업집단과 무관하게 지분을 보유하는 회사 등이 이에 해당한다.

규제당국으로서는 '동일인관련자'의 지분율을 기준으로 계열회사 편입업무를 처리해 오는 방식에서 탈피하여 동일인의 지배력을 검증하는 방식에 초점을 맞추어야 하는 변화가 필요하다. 이러한 행정이 기업집단 계열회사의 판단기준에 관한 법령에도 부합하고, 불필요한 권리 침해를 방지할 수 있다. 분명한 것은 동일인이 적어도 1주도 보유하지 않아서 의결권을 행사할 가능성이 전혀 없는 경우까지 지분율을 근거로 '사업내용 지배'를 인정할 수는 없으며, 이러한 해석이 문언의 구조나 제·개정 과정에서 확인되는 입법자의 의사에도 부합한다는 점이다.

공정거래법상 동일인은 자신이 사실상 지배하고 있는 회사(계열회사)에 관한 정보를 공정위에 제출해야 하고, 허위의 자료를 제출하는 경우 형사처벌까지 받을 수 있다. 동일인 입장에서 통상적인 경우 지분율 요건에 의하든 지배력 요건에 의하든 계열회사에 해당하는 것이 합당하다면 그 회사를 의도적으로 지정자료에서 누락할 이유가 없다. 반대로 동일인이 이를 의도적으로 누락한다면 결국 이는 공정거래법에서 금지하는 부당지원행위(제45조 제1항 제9호), 특수관계인에 대한 부당한 이익제공행위(제47조) 등을 숨기기 위한 것일 가능성이 높은바, 이 문제는 궁극적으로 공정위가 정당한 조사권을 발동하여 법 위반행위를 밝혀내고 처벌하는 것으로 해결할 문제일 것이다.

[참고문헌]

권오승·서정, 「독점규제법」, 법문사, 제6판, 2023년

이봉의, 「공정거래법」, 박영사, 2022년

김우진·이은정·최난설헌, "동일인 지정 제도에 대한 비판적 검토: Centrality 적용 실
    증분석 및 제도 개선 방향", 법경제학연구 제17권 제3호, 2020년

황태희, "대규모기업집단의 동일인 지정제도 개선에 관한 소고", 경제법연구 제20권
    제3호, 2021년

지인엽, "공정거래법상 동일인 지정제도의 현황과 문제점에 대한 법경제학적 소고",
    CFE Report, 2022년, 19쪽

최은진, "공정거래법상 동일인 지정제도의 현황과 개선과제", 국회입법조사처 이슈와
    논점 제1599호, 2019년

김봉철, "공정거래법상 특수관계인 규정의 문제점과 개선방향", 법제연구 제38호,
    2010년

김봉철, "경제 기업법령상 친족인 '특수관계인' 관련 규정의 문제점과 개선방향", 외법
    논집 제33권 제4호, 2009년

허원, "특수관계인 관련 법령의 문제점 및 개선방안", KERI Insight 19－15, 2019년

김환일·박용근·김동근, "우리나라 사외이사제도의 문제점과 개선방안", 서울법학 제
    25권 제4호, 2018년

강상엽, "동일인 지정제도: 정량적 기준과 정성적 기준의 비판적 검토", 경제법연구
    제20권 제2호, 2021년

이동식·안경봉, 한국에 있어서 조세법의 해석·적용, 조세학술논집 통권 제40호,
    2014년

김시철, 헌법상 조세법률주의와 세법의 해석방법론 －'의심스러운 경우 납세자의 이
    익으로'의 해석방법론을 중심으로, 사법 통권 제59호, 2022년

[원문 출처]

사항색인

[집필진 약력]

심재한 영남대학교 법학전문대학원 교수

이봉의 서울대학교 법학전문대학원 교수

신영수 경북대학교 법학전문대학원 교수

유영국 한신대학교 평화교양대학 조교수

최휘진 법무법인 태평양 변호사

김지홍 법무법인 지평 변호사

윤동영 법무법인 지평 변호사

(이상 집필순)

서울대 경쟁법센터 경제법총서 03
공정거래법상 기업집단법제 Ⅰ

초판발행	2024년 7월 31일
지은이	심재한·이봉의·신영수·유영국·최휘진·김지홍·윤동영
펴낸이	안종만·안상준
편 집	윤혜경
기획/마케팅	최동인
표지디자인	이수빈
제 작	고철민·김원표
펴낸곳	(주)**박영사**
	서울특별시 금천구 가산디지털2로 53, 210호(가산동, 한라시그마밸리)
	등록 1959. 3. 11. 제300-1959-1호(倫)
전 화	02)733-6771
f a x	02)736-4818
e-mail	pys@pybook.co.kr
homepage	www.pybook.co.kr
ISBN	979-11-303-4735-6 94360
	979-11-303-4453-9 (세트)

정 가   20,000원